DER MANN AUS NEW ORLEANS

DER MANN AUS NEW ORLEANS

Text: Jean-Michel Charlier und Jean Giraud
Zeichnung: Christian Rossi

CARLSEN VERLAG

CARLSEN COMICS
Lektorat: Andreas C. Knigge und Uta Schmid-Burgk
1. Auflage August 1992

Aus dem Französischen von Harald Sachse
L'HOMME DE LA NOUVELLE ORLEANS

Redaktion: Andreas C. Knigge
Lettering: Steffen Boiselle
Druck und buchbinderische Verarbeitung:
Casterman (Tournai/Belgien)

ISBN 3-551-02692-0
Printed in Belgium

AN EINEM MORGEN IN NEW ORLEANS ...
AUF CYPRUS LODGE STEHT DAS ENDE DER BAUMWOLLERNTE BEVOR, BOSS! EINER GANZ AUSSERGEWÖHNLICHEN ERNTE!
DIE PLANTAGE IST EINE DER BESTEN IN GANZ LOUISIANA, PLAYCARD! ALLEIN SCHON DESWEGEN WILL ICH SIE HABEN! ABER DAS IST NICHT DER EINZIGE GRUND!
LOUISIANA
BIS DAHIN WIRD CAROLYN GRAYSON SCHON SO VIEL ERWIRTSCHAFTET HABEN, DASS SIE IHRER GELDSORGEN EIN FÜR ALLEMAL LEDIG SEIN DÜRFTE!
DAS WÄRE SEHR ÄRGERLICH, PLAYCARD! DARUM WERDEN WIR DAS VERHINDERN!
DANN SOLLTEN WIR ABER KEINE ZEIT VERLIEREN! DAS WEIBSSTÜCK HAT NÄMLICH SCHON EINEN KÄUFER!
DU HURENSOHN!! ICH VERBIETE DIR, SO VON MISS GRAYSON ZU SPRECHEN!
UNTERDESSEN AUF DER CYPRUS-LODGE-PLANTAGE ...
WANN, GLAUBEN SIE, WERDEN WIR DIE BAUMWOLLE NACH NEW ORLEANS TRANSPORTIEREN KÖNNEN, MISTER BROWN?
WENN WIR DIE BALLEN GESCHNÜRT HABEN, MISS CAROLYN, ALSO IN ETWA ZWEI ODER DREI TAGEN!
ICH MACHE MIR SORGEN, MISS! EINER MEINER MÄNNER GLAUBT, DIESEN HUND VON PLAYCARD HIER GESEHEN ZU HABEN!
DER KANN MIR NICHTS MEHR ANHABEN, BROWN!

SOBALD DIESE ERNTE VERKAUFT IST, WERDE ICH MEINE LETZTEN GLÄUBIGER ABFINDEN. UNS BLEIBT DANN IMMER NOCH GENUG, UM BIS ZUR NÄCHSTEN ÜBER DIE RUNDEN ZU KOMMEN!
ZUR SELBEN ZEIT IN FORT JACKSON, NEW ORLEANS...
SAGEN SIE, CUTLASS, HABEN SIE IN ALL DEN WOCHEN, DIE SIE HIER SIND, NIE DEN WUNSCH VERSPÜRT, EINMAL NACH IHREN LÄNDEREIEN ZU SEHEN?
NUN, ÄH... MEINE COUSINE UND ICH VERSTEHEN UNS NICHT BESONDERS, COLONEL! NA JA, UND DANN UNSERE EINSÄTZE... IM UNSICHTBAREN REICH DES SÜDENS!!
BLAST IT! HABEN SIE, SEIT SIE HIER SIND, ENDLICH ETWAS MEHR ÜBER DIESE KAPUZENMÖRDER IN ERFAHRUNG BRINGEN KÖNNEN?
HEAD QUARTER
KAUM, SIR! NIEMAND WILL DARÜBER REDEN! DIE SCHWARZEN, WEIL SIE ANGST HABEN, UND DIE WEISSEN, WEIL SIE DEN KLAN MEHR ODER WENIGER ALS IHRE RÄCHER BETRACHTEN.
DEN KLAN?
JA, ODER KU-KLUX-KLAN, WIE SIE SICH NENNEN. DIESE BEZEICHNUNG IST DEM GERÄUSCH NACHEMPFUNDEN, DAS ENTSTEHT, WENN EIN GEWEHR DURCHGELADEN WIRD.
BEINAHE JEDE NACHT TAUCHT DIE BERITTENE, FACKELSCHWINGENDE HORDE IRGENDWO AUF! WIE EIN UNWETTER BRECHEN DIESE TEUFEL IN IHREN WEISSEN KUTTEN UND KAPUZEN ÜBER DIE ABGELEGENEN SIEDLUNGEN DER SCHWARZEN HEREIN...

SIE WISSEN GENAUESTENS BESCHEID! SCHWARZE, DIE ES GEWAGT HABEN, SICH IHNEN ZU WIDERSETZEN, WERDEN ZU TODE GEPEITSCHT ODER GELYNCHT. SIE BRENNEN IHRE HÄUSER NIEDER UND VERSCHWINDEN, WIE SIE GEKOMMEN SIND!
MANCHMAL LASSEN SIE EIN BRENNENDES KREUZ MIT IHREN INITIALEN ZURÜCK: "K.K.K.", GESCHRIEBEN MIT TEER ODER MIT DEM BRANDEISEN!
DIESE IRREN HABEN NICHT VERWUNDEN, DASS MAN DIE SCHWARZEN BEFREIT UND IHNEN DAS STIMMRECHT GEGEBEN HAT! SIE TERRORISIEREN SIE, UM SIE DAVON ABZUHALTEN, AN ZUKÜNFTIGEN WAHLEN TEILZUNEHMEN!
ES IST WAHR, DEN STIMMEN DER SCHWARZEN KÖNNTE EINE ENTSCHEIDENDE BEDEUTUNG ZUKOMMEN... UND SIE HABEN NICHT EINEN EINZIGEN SCHLUPFWINKEL DER KLANSMEN AUSFINDIG MACHEN KÖNNEN?
IHR UNTERSCHLUPF IST DIE BEVÖLKERUNG. DIESE EIFERER FÜHREN DAS LEBEN UNBESCHOLTENER BÜRGER, LEDIGLICH IHR UNMITTELBARER VORGESETZTER KENNT SIE! UND BEI IHREN AKTIONEN GARANTIERT IHNEN DIE KUTTE, DASS SIE UNERKANNT BLEIBEN!
NUR WENN IHR OBERHAUPT, DER GROSSE HEXENMEISTER, SIE DAZU AUFRUFT, TREFFEN SIE SICH ZU IHREN INITIIERUNGSTREFFEN ODER AUCH ZU EINEM ÜBERFALL, DESSEN ZIEL EINZIG UND ALLEIN IHR ANFÜHRER KENNT. DANACH MISCHEN SIE SICH WIEDER UNERKANNT UNTER DIE BEVÖLKERUNG.

UND DIE AUSGESETZTE BELOHNUNG ?
BRINGT ÜBERHAUPT NICHTS! JEDER, DER DEN MUND AUFMACHT, IST EIN TOTER MANN! UND DER KLAN HAT SEINE AUGEN UND OHREN ÜBERALL!
AUF CYPRUS LODGE HAT MAN SOLCHE SORGEN NICHT... DREI TAGE SIND INZWISCHEN VERGANGEN...
ALLES IST BEREIT ZUM VERSAND, MISS CAROLYN! DER GROSSE SCHUPPEN IST VOLLGEPACKT MIT BAUMWOLLBALLEN! ICH HABE EINEN MANN DAVOR POSTIERT, UM SIE ZU BEWACHEN!
SEHR GUT, MISTER BROWN! GEHEN SIE JETZT SCHLAFEN! MORGEN HEISST ES FRÜH AUFSTEHEN, DENN WIR MÜSSEN DAS ALLES NOCH AUFLADEN!
EINE STUNDE SPÄTER. AUF DER PLANTAGE IST MAN LÄNGST SCHLAFEN GEGANGEN...
!
AAAARGH
AUGENBLICKE SPÄTER...
MISTRESS! MISTRESS! WACHEN SIE AUF...! ES... ES BRENNT!

WAS...?!!!
OOOH! GROSSER GOTT!
DIE ... DIE BAUMWOLLE!!! DER SCHUPPEN BRENNT!
MISS CAROLYN! SEHEN SIE, DA!! DIE WEISSEN TEUFEL!
PAW!
PAW!
PAW!
DER KLAN ?!... HIER ?! DAS... DAS IST DOCH NICHT MÖGLICH! MELISSA! MEIN GEWEHR...! SCHNELL!
PAW!
PAW!
BROWN? WO IST BROWN? MELISSA! HOL DIESEN VERDAMMTEN NEGER HER!
BLAM! BLAM!
DAMN IT! GARY HAT'S ERWISCHT!
KEINE NAMEN, DU IDIOT! HE, SCHLUSS JETZT, MÄNNER! ES REICHT! WIR ZIEHEN AB! SO EIN FEUER KANN KEIN MENSCH MEHR LÖSCHEN!
5

UNTERDESSEN...
DU VERDAMMTER FEIGLING! WO HAST DU GESTECKT?... HOL DEINE LEUTE ZUSAMMEN, UND DANN AB INS LAGER!
DAMIT SIE UNS ALLE UMBRINGEN, WIE DEN ARMEN JEREMY? NEIN DANKE, MISS CAROLYN! MEINE MÄNNER SIND VOR ANGST FAST GESTORBEN! VON DENEN RÜHRT SICH KEINER!
SCHER DICH ZUM TEUFEL!
DIESE SCHURKEN ERGREIFEN DIE FLUCHT!... MEIN PFERD, SCHNELL! UND DU TROMMELST DEINE ARBEITER ZUSAMMEN!
GOOD LORD! NICHT EIN EINZIGER BALLEN IST UNVERSEHRT GEBLIEBEN! ICH BIN RUINIERT, WIEDER EINMAL...
MISS CAROLYN!... HIERHER, SCHNELL! JEREMY LEBT NOCH!
G...GARY... ES IST GAR...Y
?!!?
JEREMY... IST DAS DER MANN, DER DICH ERDROSSELT HAT?... OH... ER... ER IST TOT...
WIESO, VERDAMMT NOCH MAL, FÄLLT DER KLAN AUSGERECHNET ÜBER MICH HER, EINE LEIDENSCHAFTLICHE UND AUFRECHTE ANHÄNGERIN DES SÜDENS?
AM NÄCHSTEN MORGEN IN FORT JACKSON...
LIEUTENANT CUTLASS, ZUM COLONEL, SCHNELL!
!!!... OOOH...! BLAST IT!

JIM... ICH NEHME AN, ES IST NICHT NÖTIG, DICH MIT DEINER COUSINE BEKANNTZUMACHEN.
!!!
GUTEN TAG, VETTER JIM! WUSSTE GAR NICHT, DASS DU IN DER GEGEND BIST... ABER WIE ES SCHEINT, IST DIR NICHT VIEL DARAN GELEGEN, MIR EINEN BESUCH ABZUSTATTEN...
IN DER TAT NICHT, NEIN.
NUN, DAZU IST JETZT GELEGENHEIT! DER KLAN HAT VERGANGENE NACHT DIE GESAMTE BAUMWOLLERNTE IHRER REIZENDEN COUSINE VERBRANNT!
DAS IST EIN VORFALL, DER IN IHRE ZUSTÄNDIGKEIT FÄLLT, JIM!
ERSTAUNLICH! ICH DENKE, DU HASST DIE BLUE-BELLIES*! JETZT RUFST DU SIE GEGEN LEUTE DEINES EIGENEN LAGERS ZU HILFE?
*SPITZNAME DER SÜDSTAATLER FÜR BEWOHNER DES NORDENS
KEINESWEGS! ICH HABE ERHEBLICHE ZWEIFEL, DASS DIE LEUTE, DIE UNS ÜBERFALLEN HABEN, WIRKLICH "KLANSMEN" WAREN!
ACH, UND WIESO...?
DIE RICHTIGEN TRETEN IN VIEL GRÖSSERER ZAHL AUF UND SIE GREIFEN AUSSCHLIESSLICH SCHWARZE AN, NIE WEISSE! SCHON GAR NICHT, WENN SIE SÜDSTAATLER SIND!
SEHR BEUNRUHIGEND, IN DER TAT... ABER... WER SONST KÖNNTE IHNEN SO ÜBEL MITSPIELEN?
ES SIND DIE BLUTSAUGER, DIE MICH FERTIGMACHEN WOLLEN, WEIL SIE SCHARF AUF DIE PLANTAGE SIND! JIM WEISS, WOVON ICH REDE! ICH BRAUCHE SEINE HILFE...
UND DIE WERDEN SIE DOCH EINER VERWANDTEN NICHT ABSCHLAGEN, LIEUTENANT!?... IM ÜBRIGEN LIEGT SIE IM RAHMEN DES AUFTRAGS, DEN MAN IHNEN ERTEILT HAT!

BEORDERN SIE ALS ERSTES EINE REITERSTAFFEL NACH CYPRUS LODGE FÜR DEN FALL, DASS DIE KLANSMEN ZURÜCKKOMMEN SOLLTEN!
AYE, AYE, SIR!
DANKE, COLONEL!
SPÄTER, AUF DER STRASSE ZUR PLANTAGE ...
DAMIT DU'S WEISST: ICH KÜMMERE MICH NUR DESHALB UM DICH UND UM CYPRUS LODGE, WEIL MAN MICH OFFIZIELL DAMIT BEAUFTRAGT HAT!
ICH WERDE MICH BEIM COLONEL DARÜBER BESCHWEREN, DASS DU MIT SO WENIG EIFER BEI DER SACHE BIST!
ICH WAR BEREIT, MICH ZU VERSÖHNEN, ABER DU BIST UND BLEIBST EIN STURER UND UNEINSICHTIGER DICKSCHÄDEL!
UND DU BIST ZYNISCH, ZICKIG UND VERLOGEN WIE IMMER!
SLAM!
!!!
ES WIRD ZEIT, DASS DU BEGREIFST, DASS MAN EINEN OFFIZIER DER KAVALLERIE DER VEREINIGTEN STAATEN NICHT BELEIDIGT, CAROLYN! SCHON GAR NICHT VOR SEINEN MÄNNERN!
SO! VIELLEICHT BEHERZIGST DU DAS JETZT!
SLAM!
OW!
DU... DU WIDERLICHER MISTKERL!... DU SCHUFT! ICH... ICH WERDE MICH ÜBER DICH BESCHWEREN!
TU DAS, HONEY! DOCH BIS DAHIN WOLLEN WIR UNS MIT ERNSTEREN DINGEN BEFASSEN!
DA IST CYPRUS LODGE! ICH WERDE MEINE SCHWARZEN ZUSAMMENRUFEN. DU KANNST SIE DANN FRAGEN, WAS DU WILLST.
HE! ICH GRATULIERE! UNSER ANWESEN HAT SICH JA PRÄCHTIG HERAUSGEMACHT!!

SPÄTER ...
BESTIMMT HABEN DIE KERLE, DIE DIE PLANTAGE ANGEGRIFFEN HABEN, DEN ÜBERFALL VORBEREITET. HAT EINER VON EUCH IN DEN TAGEN ZUVOR ETWAS VERDÄCHTIGES BEMERKT, ODER VIELLEICHT JEMANDEN GESEHEN, DER SICH HIER HERUMGETRIEBEN HAT?
JA, ICH, MISTER, UND ICH HABE ES MISTER BROWN GESAGT!
ICH WAR GERADE DABEI, EINE ENTLAUFENE KUH EINZUFANGEN, ALS ICH EINEN MANN SAH, DER VOM ROTEN HÜGEL AUS DIE LODGE MIT EINEM FERNGLAS BEOBACHTETE... ALS ER MICH BEMERKTE, IST ER SOFORT VERSCHWUNDEN!
TOMS BESCHREIBUNG PASST HAARGENAU AUF PLAYCARD, DIESEN DRECKSKERL!
WAS?
JA, ICH BIN GANZ SICHER, DASS DIESE MIESE RATTE DAHINTERSTECKT!
SCHON MÖGLICH! ABER DASS ER KURZ VOR DEM BRAND HIER GEWESEN IST, BEWEIST NOCH GAR NICHTS!
DANN BLEIBT UNS NUR EINE EINZIGE SPUR!
DIE VON DEM KLANSMAN, DER DEN ARMEN JEREMY AN EINEM LASSO HINTER SICH HERZOG UND DEN ICH DANN ERSCHOSSEN ODER DOCH ZUMINDEST SCHWER VERWUNDET HABE!
BLAM!
ICH WEISS NICHT, WIE, ABER JEREMY HATTE DEN NAMEN VON DIESEM SCHWEIN AUFGESCHNAPPT UND IHN MIR ZUGEFLÜSTERT, BEVOR ER STARB... GARY!
SEHR DÜRFTIG! ABER VIELLEICHT HABEN DIE PFERDE DER BRANDSTIFTER SPUREN HINTERLASSEN! IN WELCHE RICHTUNG SIND SIE GEFLOHEN?
DORTHIN! ZUM FLUSS!
ALLE MANN AUFSITZEN! WIR DURCHKÄMMEN DEN WALD MIT HUNDEN!
MISTER BROWN UND SEINE MÄNNER WERDEN EUCH HELFEN!

CUTLASS, SEINE REITER UND DIE SCHWARZEN BEGINNEN DAS GELÄNDE SYSTEMATISCH ABZUSUCHEN ...
SEHT MAL! HIER SIND HUFSPUREN!
DA!! AUF DIESEM STEIN! TROPFEN TROCKENEN BLUTES! EINE HEISSE SPUR!
SCHON HABEN DIE HUNDE, DIE FÜR DIE JAGD AUF ENTFLOHENE SKLAVEN ABGERICHTET SIND, DIE WITTERUNG AUFGENOMMEN ...
GOOD LORD! HIER SIND IMMER MEHR BLUTSPUREN AM BODEN! DEN KERL MUSS ES BÖSE ERWISCHT HABEN!
ICH GLAUBE NICHT, DASS ER SO LANGE HAT ÜBERLEBEN KÖNNEN, SIR!
HELL! IN DEM HOHEN GRAS SIND KAUM NOCH SPUREN AUSZUMACHEN!
ER DÜRFTE DIE FLUCHT SEINER KAMERADEN GANZ ERHEBLICH BEHINDERT HABEN!
SEIT DIE KLANSMEN HIER DURCHGERITTEN SIND, HABEN SICH DIE HALME WIEDER AUFGERICHTET. OHNE DIE HUNDE HÄTTEN WIR IHRE SPUR LÄNGST VERLOREN!
?!!?...
OOOH...!
CORPORAL, SEHEN SIE MAL DORT! EINE ANSAMMLUNG VON GEIERN! WAS KÖNNTE DA SEIN?
WAS SCHON!? EIN TIERKADAVER!
!!!...
DAMN IT!

EIN ... EIN TOTER! GOOD LORD!... DIE GEIER HABEN IHN FAST VÖLLIG AUFGEFRES-SEN!
DER LIEGT MINDESTENS SCHON ZWEI TAGE HIER!
DAS IST BESTIMMT GARY'S LEICHE! ER MUSS UNTERWEGS GESTORBEN SEIN! ES SEI DENN, SEINE LEUTE HABEN IHN UMGEBRACHT, WEIL ER IHNEN BEI IHRER FLUCHT ZUR LAST FIEL...
OFFENBAR WOLLTEN SIE SEINE LEICHE VERSCHAR-REN! ABER IN DER EILE HABEN SIE IHN NICHT TIEF GENUG VERGRABEN, SO DASS IHN DIE GEIER WIE-DER AUSBUDDELN KONNTEN!
SCHRECKLICH! SIE HABEN IHM DEN SCHÄDEL EINGESCHLA-GEN!
STIEFEL UND KLEI-DUNG HABEN SIE IHM AUCH AUSGEZOGEN, DAMIT IHN NIEMAND IDENTIFIZIEREN KANN!
HALT! AB-SITZEN! WIR HABEN EINE LEICHE GE-FUNDEN! SUCHT DAS GANZE UMLIEGENDE GE-LÄNDE AB. VIELLEICHT FINDET IHR ETWAS!
BROWN! DEINE MÄNNER SOLLEN DIE ÜBERRESTE DIESER LEICHE EINSAM-MELN UND SIE IN EIN TUCH EINWIK-KELN!
ZU BEFEHL, SIR!
DER BODEN IST SEHR FESTGETRETEN! KEINE WIRKLICH INTERESSANTE SPUR!
HE, SIR! EINE GROSSE BLUTLA-CHE! OFFENBAR HABEN SIE IHN HIER AUSGEZO...
OOOH?!
WAS LIEGT DENN DA?

GOSH!... EI... EI-NE UHR! ZU DREI VIERTEL IN DEN SCHLAMM GETRETEN!
?!?
SIE MUSS DEM TOTEN AUS DER WESTENTASCHE GERUTSCHT SEIN, WÄHREND SEINE LEUTE IHN ENTKLEIDETEN. UND IN DER DUNKELHEIT HABEN SIE ES NICHT BEMERKT.
OH, SIEH AN! EIN BEZAUBERNDES KLEINES DING! KEINE BESONDERS AUFREGENDE FRISUR, ABER WAS FÜR EIN DEKOLLETÉ!... HM... WAHRSCHEINLICH EIN FLITTCHEN ODER EINE ANIMIERDAME...
to Gary with Love Kerry
AUF JEDEN FALL GEHÖRTE DIE UHR DEM ARMEN GARY! UND FÜR DEN MUSS DIESE REIZENDE PERSON EINE GANZ BESONDERE SCHWÄCHE GEHABT HABEN!
DURCH SIE MÜSSTE ICH DIE SPUR DES TOTEN BIS ZU SEINEN KUMPANEN WEITERVERFOLGEN KÖNNEN... HIER IST NICHTS MEHR ZU HOLEN! REITEN WIR ZURÜCK!
DAS PROBLEM WIRD SEIN, DIESE KERRY AUSFINDIG ZU MACHEN UNTER ALL DEN MÄDCHEN, DIE DIE BARS VON NEW ORLEANS BEVÖLKERN... EIN HARTES STÜCK ARBEIT!
SPÄTER, IN FORT JACKSON...
WIR MUSSTEN DIE LEICHE BEGRABEN, DIE DU HAST HERBRINGEN LASSEN, JIM! NICHT EINMAL SEINE MUTTER HÄTTE IHN WIEDERKANNT! UND AUCH DER DOKTOR KONNTE NICHTS FESTSTELLEN, AUSSER DASS DER KERL EINE SCHRUMPFLEBER HATTE!
DIE WERDE ICH WOHL AUCH NOCH KRIEGEN, WENN ICH MEINE NACHFORSCHUNGEN WEITERFÜHRE, SIR!
SIE WERDEN MICH GANZ ZWANGSLÄUFIG IN ALLE SALONS DER STADT FÜHREN... ABER DAVON GIBT ES DUTZENDE! UND FÜR EIN GLÄSCHEN MILCH MACHT DA NIEMAND DEN MUND AUF!
!!! HE?

ICH KANN ZWAR IHR VORHABEN NICHT BILLIGEN, LIEUTENANT, ABER WENN ES WIRKLICH DER EINZIGE WEG IST, DANN MACHEN SIE'S... HIER IST EINE ANWEISUNG ÜBER 100 DOLLAR! LASSEN SIE SICH DAS GELD VOM ZAHLMEISTER GEBEN!
DAS IST ALLES, WAS ICH TUN KANN! SEIEN SIE VORSICHTIG, DENKEN SIE AN IHRE LEBER! UND NOCH ETWAS: ICH VERBIETE IHNEN, SICH DORT IN UNIFORM ZU ZEIGEN!
VERSTANDEN, COLONEL! ÜBRIGENS WÄRE DAS DER SICHERSTE WEG, ZU ERLEBEN, WIE VERGESSLICH DIE LEUTE WERDEN...
WIR SIND NOCH NICHT LANGE HIER, SIR! ICH BIN SO GUT WIE NIE IN DER STADT GEWESEN. MICH KÖNNTE KAUM JEMAND IDENTIFIZIEREN! SCHON GAR NICHT IN ZIVIL!
VIEL GLÜCK, JIM!
AM ABEND BEGINNT JIM SEINEN STREIFZUG DURCH DIE VERGNÜGUNGSVIERTEL VON NEW ORLEANS...
DIE GANZE NACHT LANG ZEIGT ER IN BARS UND SALOONS DAS IN GARYS UHR GEFUNDENE BILD HERUM... OHNE ERFOLG...
KERRY? NEIN, MEIN SÜSSER, SAGT MIR NICHTS...
NIE GESEHEN, DIE VISAGE! UND ICH KENNE DIE GIRLS IM "VIEUX CARRÉ"!*
* AUCH: "FRENCH QUARTER" - DAS "HEISSE HERZ" VON NEW ORLEANS.
13

UND AM MORGEN ...
SIE HABEN EINE FAHNE, LIEUTENANT! UND SIE TORKELN!
DIE... DIE MÜDIGKEIT, SIR! ICH BIN LETZTE NACHT IN 19 SALOONS GEWESEN! LEIDER OHNE ERFOLG! ABER NOCH IST NICHTS VERLOREN! NACH MEINEN BERECHNUNGEN HABE ICH NOCH 208 VOR MIR!
LEIDER HÄLT MEIN MAGERES BUDGET DAS NICHT MEHR SO LANGE DURCH!
IHRE LEBER AUCH NICHT, JIM!!
ICH HABE ERNSTE ZWEIFEL AN DER WIRKSAMKEIT IHRER METHODE!
ABER WIE DEM AUCH SEI, VON MIR KRIEGEN SIE KEINEN CENT MEHR! SO, UND NUN GEHEN SIE UND SCHLAFEN IHREN RAUSCH AUS!! UND BEEILEN SIE SICH, DAMIT NIEMAND SIE IN DIESEM ZUSTAND ZU SEHEN BEKOMMT!
UNVERDROSSEN SETZT JIM AM NÄCHSTEN ABEND UND IN DEN DARAUFFOLGENDEN NÄCHTEN SEINE AUFREIBENDE SUCHE FORT...
DIESES MÄDCHEN HABE ICH HIER NIE GESEHEN... DAS WÜSSTE ICH...
NEIN! DAS WAR NIE EINES VON MEINEN MÄDCHEN, HONEY! VERGISS DOCH DAS WEIBSBILD!... WAS DU BEI MIR FINDEST, IST DOCH AUCH NICHT ZU VERACHTEN, ODER?
HELL!... ICH REDE UND REDE, UND JETZT SITZE ICH HIER AUF DEM TROCKENEN... HMM? ICH SEHE NUR EINE MÖGLICHKEIT, MEINE NACHFORSCHUNGEN ZU FINANZIEREN...
KANN ICH MITSPIELEN, GENTLEMEN?
!!!...
OOOH!

JETZT SPIELEN SIE ALSO AUCH NOCH!!... LEUGNEN SIE NICHT! SERGEANT KIRKPATRICK, DER GESTERN URLAUB HATTE UND SICH EIN WENIG AMÜSIEREN WOLLTE, HAT GESEHEN, WIE SIE IN EINER DIESER BARS UM HOHE EINSÄTZE GESPIELT HABEN!
ÄH... DAS STIMMT, SIR, ABER... ICH HABE GEWONNEN!!
WAS MIR ERMÖGLICHT, IHREN VORSCHUSS ZURÜCKZUZAHLEN UND MEINE ERMITTLUNGEN FORTZU...
O NEIN! ES REICHT JETZT, CUTLASS! IHR BETRAGEN IST EINES OFFIZIERS UNWÜRDIG! ICH BIN NICHT GEWILLT, DAS WEITER HINZUNEHMEN!
JETZT IST SCHLUSS MIT DER ZECHEREI! WER WEISS, WO DIESE KERRY ÜBERALL GELEBT HAT... AB SOFORT GEHEN WIR NACH MEINEM PLAN VOR!
?!?
IHREM WUNSCH ENTSPRECHEND HABEN WIR DAS AUFFINDEN DER LEICHE GARYS UND DAS DES FOTOS BISLANG STRENG GEHEIMGEHALTEN! DAS WAR EIN GROSSER FEHLER!
ICH WERDE SOFORT DIE PRESSE UNTERRICHTEN UND ZUDEM EINE BELOHNUNG AUSSETZEN! VIELLEICHT IST DAS EIN ANREIZ FÜR DIE, DIE GARY KANNTEN, ODER AUCH FÜR DIESE KERRY, MIT UNS KONTAKT AUFZUNEHMEN!
W... WAS?!
IM GEGENTEIL, SIR! DIE HABEN NICHT DAS GERINGSTE INTERESSE, IN EINE SO SCHMUTZIGE AFFÄRE VERWICKELT ZU WERDEN! AM ALLERWENIGSTEN DAS MÄDCHEN! UND GARYS KOMPLIZEN WÜRDEN DURCH SO ETWAS ERST HELLHÖRIG WERDEN...
SIE HÄTTEN GENUG ZEIT, ALLE FÜR SIE UNBEQUEMEN ZEUGEN ZU BESEITIGEN! COLONEL, ICH FLEHE SIE AN! GEBEN SIE MIR NOCH DIESE EINE NACHT!
ÄH... NA SCHÖN! ABER WENN WIEDER NICHTS DABEI HERAUSKOMMT, ÜBERGEBE ICH DIE ANGELEGENHEIT DER JUSTIZ!
HELL! ICH MUSS NOCH ÜBER VIERZIG SALOONS ABKLAPPERN...
15

SPÄTER ...
ES WÄRE SCHON EIN WUNDER, WENN ICH IN SO KURZER ZEIT JEMANDEN FÄNDE, DER DAS MÄDCHEN AUF DIESEM VERDAMMTEN FOTO KENNT ...
OOOOH ...!
ICH IDIOT! ... WARUM BIN ICH NICHT FRÜHER DARAUF GEKOMMEN ? BLAST IT !! ICH MUSS DEN FINDEN, DER DIESES FOTO GEMACHT HAT!
ES GIBT ALLERHÖCHSTENS FÜNF ODER SECHS FOTOGRAFEN IN NEW ORLEANS. WENN EINER VON DENEN DIE AUFNAHME GEMACHT HAT, MÜSSTE ER MIT EIN BISSCHEN GLÜCK AUCH SEIN MODELL WIEDERERKENNEN!
EINE STUNDE SPÄTER, IN DER STADT ...
JA ... WISSEN SIE, WIE SPÄT ES IST ? DAS ATELIER HAT LÄNGST GESCHLOSSEN! KOMMEN SIE MORGEN WIEDER!
EINEN MOMENT NOCH!
KENNEN SIE DIESE DAME ?
NEIN! ... NIE GESEHEN! ICH HABE DIE AUFNAHME AUCH NICHT GEMACHT! FRAGEN SIE DOCH MAL LEWIS STONE!
WENIG SPÄTER ...
Lewis Stone PHOTOGRAPHER
BEFEHL ODER NICHT, SCHEREN SIE SICH ZUM TEUFEL, MANN! MAN SCHEUCHT UM DIESE ZEIT KEINE EHRBAREN BÜRGER AUS DEN BETTEN!
IRRTUM, MISTER STONE! ICH WERDE SIE ZWINGEN, MIR AUFZUMACHEN!
BLAM! BLAM! BLAM! BLAM! BLAM! BLAM!
HEEE! AUFHÖREN! SIND SIE WAHNSINNIG GEWORDEN!? SIE HABEN MEIN FENSTER ZERSCHOSSEN!
DEN ANDEREN WIRD ES GENAUSO ERGEHEN, WENN SIE MIR NICHT AUFMACHEN!
16

DREI FENSTERSCHEIBEN WEITER ...
DIESES PORTRÄT HIER, HABEN SIE DAS GEMACHT ?
ICH... ICH WERDE SIE ANZEIGEN !
ZEHN MINUTEN SPÄTER ...
DA IST JA NOCH LICHT... DONNERWETTER! SOLLTE DER HERR PORTRÄTIST NOCH BEI DER ARBEIT SEIN ?
P. HERNANDEZ PHOTOGRAPHER
DAS DA ?... NIE ! ICH BIN KÜNSTLER, SIR, KEIN JAHRMARKTSFOTOGRAF! SOLCHE... KREATUREN PORTRÄTIERE ICH NICHT ! DAS ÜBERLASSE ICH HERNANDEZ !
ENTSCHULDIGEN SIE ...
?! HIIIIII!
!!!... WAS... WAS WOLLEN SIE HIER ?
DAMN IT! PEDRO! DU VOLLIDIOT! KANNST DU DIE TÜR NICHT ABSCHLIESSEN ?
DAS MACHT IHNEN BESTIMMT MÄCHTIG SPASS, WAS, ALTER KNABE ?
VER... VERSTEHEN SIE DAS NICHT FALSCH, LIEUTENANT!... ABENDS, DA... DA WIDME ICH MICH DER KÜNSTLERISCHEN FOTOGRAFIE! FÜR ÄH... FÜR DEN FRANZÖSISCHEN GESCHMACK, WENN SIE VERSTEHEN, WAS ICH MEINE...
ABER NATÜRLICH... UND MADAME POSIERT ALS AMAZONE! WERFEN SIE IHREN KÜNSTLERBLICK DOCH MAL AUF DAS HIER...
?!!?... OH! KERRY LANE! JA, ICH ERINNERE MICH! DAS FOTO HABE ICH GEMACHT... EIN HINREISSENDES MÄDCHEN !
GROSSER GOTT! WO FINDE ICH SIE ?
17

TUT MIR LEID, LIEUTENANT, DAS WEISS ICH NICHT... DIE AUFNAHME HIER IST MINDESTENS ZWEI JAHRE ALT!
ABER MOMENT MAL! SIE WAR TÄNZERIN UND SÄNGERIN IM "KING CREOLE"... MÜSSTE EIGENTLICH IMMER NOCH DORT SEIN...
TAUSEND DANK, LIEBE AMAZONE! UND VERZEIHEN SIE NOCHMALS, DASS ICH IHRE VIRTUOSE DARBIETUNG GESTÖRT HABE!
ÄH... BITTE, LIEUTENANT, ERZÄHLEN SIE NIEMANDEM DAVON...
UNTER EINER BEDINGUNG: SIE BORGEN MIR EIN PAAR PASSENDE ZIVILKLAMOTTEN! MEIN COLONEL DREHT DURCH, WENN ER HÖRT, DASS ICH MICH HIER IN UNIFORM HERUMTREIBE!
COMO NO?
KING CREOLE
DAS IST MIT SICHERHEIT DER FEINSTE SALOON IN DER STADT. HÄTTE NIE GEDACHT, DASS KERRY HIER ARBEITET.
BLOOD'N'GUTS! SOLLTE ICH WIRKLICH AM ZIEL SEIN?
GOOD LORD! DAS IST DIE HÖHLE ALLER LASTER!

BOURBON, PAL!* ICH HABE GEHÖRT, KERRY LANE ARBEITET HIER ... WO FINDE ICH SIE ?
DIREKT HINTER DIR, AUF DER BÜHNE! DAS GIRL GANZ RECHTS!
*KUMPEL
GOOD LORD!... SIE IST ES!
TOLL, DIE KLEINE! KANN MAN DIE MAL PRIVAT SPRECHEN ?
DAS HÄNGT DAVON AB, WIE VIELE DOLLARS DU LOCKERMACHEN KANNST, MEIN JUNGE!
JA, IST DAS DIE MÖGLICHKEIT...!
JIM CUTLASS?! NA SO WAS!
LULU BELLE?!? HELL! ICH HÄTTE WISSEN MÜSSEN, WIE SEHR DU AN DEM VERDAMMTEN SCHUPPEN HIER HÄNGST!
WAR KEINE GUTE IDEE VON DIR, WIEDER IN NEW ORLEANS AUFZUKREUZEN, HONEY! KÖNNTE EIN ZIEMLICH HEISSES PFLASTER FÜR DICH WERDEN!
BEGRÜSST MAN SO EINEN ALTEN FREUND ?
ICH WILL NUR DEIN BESTES, JIM! DARUM WÜRDE ICH AN DEINER STELLE SO SCHNELL WIE MÖGLICH VON HIER VERSCHWINDEN!
LEIDER HABE ICH HIER ZU TUN! UND ZWAR JETZT GLEICH! DU ENTSCHULDIGST MICH!
!!!
MISS LANE!...ICH WÜRDE SIE GERNE MAL UNTER VIER AUGEN SPRECHEN...
MICH?... ICH KENNE DICH NICHT, UND AUSSERDEM BIN ICH ZIEMLICH FERTIG. ALSO HAU AB!

WERFEN SIE NUR EINEN KURZEN BLICK AUF DAS HIER, MISS LANE! ... ES IST IHR FREUND GARY, ÜBER DEN ICH MIT IHNEN SPRECHEN MÖCHTE!
OOOOOOOH!
BLOODY HELL! WO STECKT DIESER HURENSOHN? ICH WARTE SCHON SEIT TAGEN AUF EINE NACHRICHT VON IHM!
BITTE VERSUCHEN SIE SICH ZU BEHERRSCHEN UND SICH NICHTS ANMERKEN ZU LASSEN. MAN BEOBACHTET UNS!
GARY IST TOT!
W... WAS?!!?
ABER D... DAS IST DOCH NICHT MÖGLICH ... WAS ... WAS IST DENN PASSIERT?
RUHIG ... HIER KANN ICH IHNEN DAS SCHLECHT ERZÄHLEN ... WANN UND WO KANN ICH SIE ALLEIN SPRECHEN?
HEUTE NACHT! ... ICH HABE UM ZWEI UHR SCHLUSS! KOMMEN SIE IN DIE KLEINE GASSE GLEICH NEBEN DEM CLUB!
HEP! STRANGER!
LASS DAS MÄDCHEN IN RUHE, DU BASTARD!
WIR SAGTEN ES DOCH SCHON: DU HAST HIER NICHTS ZU SUCHEN! ALSO HAU AB, BEVOR WIR DICH RAUSWERFEN!
NICHT BEVOR ICH AUSGETRUNKEN HABE, DICKER!
DEINEN DRINK ÜBERNEHME ICH. VERSCHWINDE, JIM!
WARTE, DU HUND! DIR SCHLAG ICH DEN SCHÄDEL EIN!
HHMMPF!

OUCH!
DICH STECH ICH AB, DU SCHWEIN!
OW!
TUT MIR JA LEID FÜR DEINE RAUS-SCHMEISSER, LULU... ABER ICH LASSE MIR VON NIEMANDEM VORSCHREIBEN, WAS ICH ZU TUN HABE!
HÖRT, HÖRT!

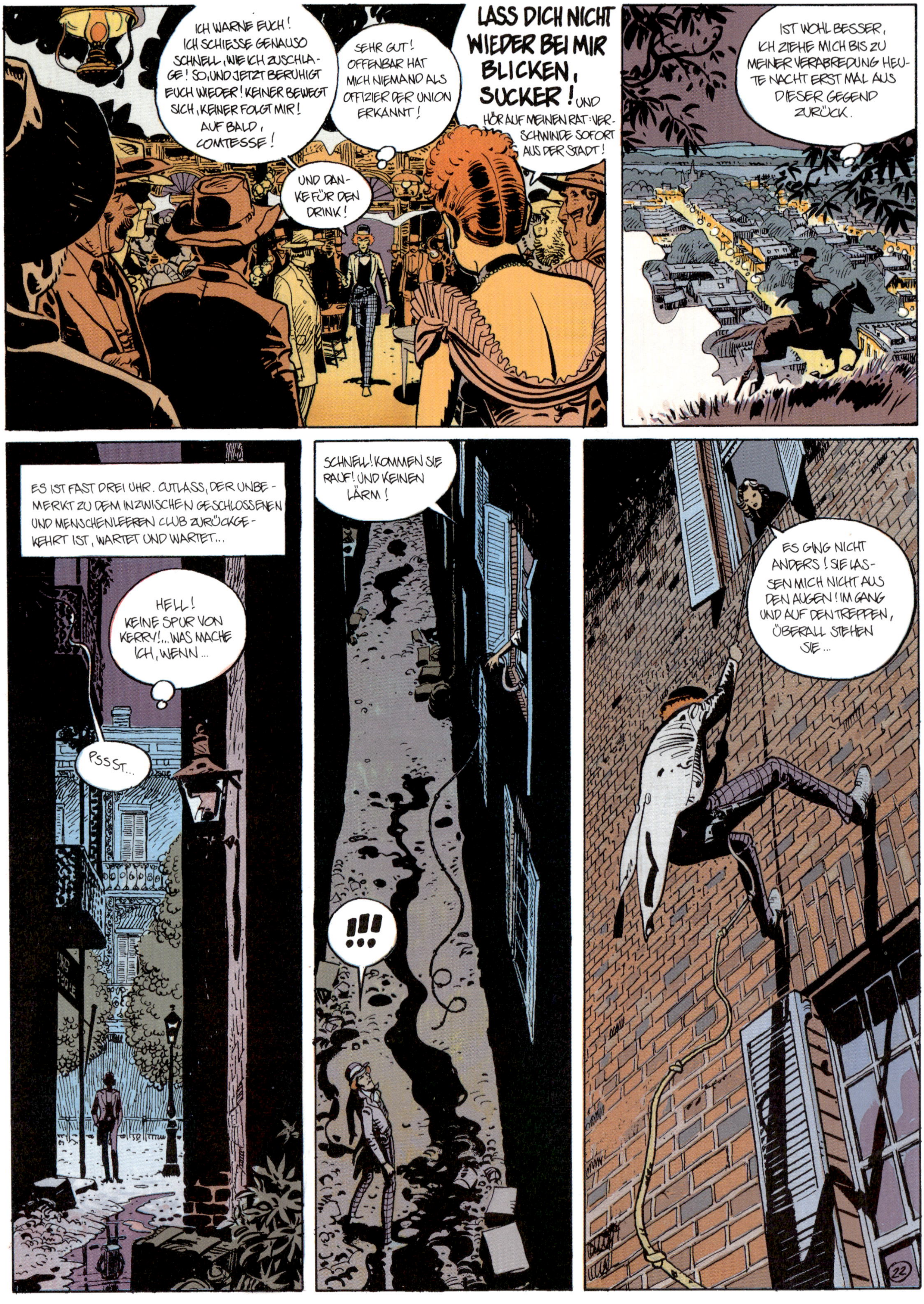
ICH WARNE EUCH! ICH SCHIESSE GENAUSO SCHNELL, WIE ICH ZUSCHLAGE! SO, UND JETZT BERUHIGT EUCH WIEDER! KEINER BEWEGT SICH, KEINER FOLGT MIR! AUF BALD, COMTESSE!
SEHR GUT! OFFENBAR HAT MICH NIEMAND ALS OFFIZIER DER UNION ERKANNT!
UND DANKE FÜR DEN DRINK!
LASS DICH NICHT WIEDER BEI MIR BLICKEN, SUCKER! UND HÖR AUF MEINEN RAT: VERSCHWINDE SOFORT AUS DER STADT!
IST WOHL BESSER, ICH ZIEHE MICH BIS ZU MEINER VERABREDUNG HEUTE NACHT ERST MAL AUS DIESER GEGEND ZURÜCK.
ES IST FAST DREI UHR. CUTLASS, DER UNBEMERKT ZU DEM INZWISCHEN GESCHLOSSENEN UND MENSCHENLEEREN CLUB ZURÜCKGEKEHRT IST, WARTET UND WARTET...
HELL! KEINE SPUR VON KERRY!... WAS MACHE ICH, WENN...
PSSST...
SCHNELL! KOMMEN SIE RAUF! UND KEINEN LÄRM!
!!!
ES GING NICHT ANDERS! SIE LASSEN MICH NICHT AUS DEN AUGEN! IM GANG UND AUF DEN TREPPEN, ÜBERALL STEHEN SIE...

OFFENBAR WILL MAN UM JEDEN PREIS VERHINDERN, DASS SIE MICH SPRECHEN. ALLE HABEN UNS ZUSAMMEN GESEHEN, HEUTE ABEND, IN DER BAR!... BLAST IT!... WAS... WAS IST EIGENTLICH LOS?
STIMMT ES, DASS GARY TOT IST? ICH HABE IHN VOR ACHT TAGEN DAS LETZTE MAL GESEHEN. DA WAR ALLES IN BESTER ORDNUNG... ICH KANN EINFACH NICHT GLAUBEN, DASS ER...
ES IST WAHR.
ICH SELBST HABE SEINE LEICHE GEFUNDEN!... ER WAR VERWUNDET UND FIEL SEINEN KUMPANEN ZUR LAST! SIE HABEN IHN EISKALT ERLEDIGT!
WA... WAS?!!?
ABER... WO?! WARUM?
GARY HATTE ZUSAMMEN MIT IHNEN EINE BAUMWOLLPLANTAGE ÜBERFALLEN! SIE HATTEN ANGST, ER WÜRDE AUSPACKEN, WENN MAN IHN GEFANGENNIMMT, UND SO HABEN SIE IHN FÜR IMMER ZUM SCHWEIGEN GEBRACHT.
ICH WUSSTE, DASS DAS NICHT GUTGEHEN KANN!... ABER GARY BRAUCHTE GELD! VIEL GELD, UND DAS SCHNELL! WIR WOLLTEN HEIRATEN UND EIN LOKAL AUFMACHEN, IN ST. LOUIS! DAS WAR UNSER TRAUM...
ABER ICH WERDE IHN RÄCHEN! DIESE SCHWEINE WERDEN FÜR SEINEN TOD BEZAHLEN!
WER SIND SIE? WER FÜHRT SIE AN?... KERRY, ICH WILL IHNEN HELFEN! ABER SIE MÜSSEN MIR ALLES SAGEN!
GARY HAT NICHT VIEL ERZÄHLT. ICH WEISS NUR, DASS ER MIT ANDEREN "TOUGH GUYS"* ANGEWORBEN WURDE, DER TEUFEL WEISS, WOFÜR... ABER DER JOB BRACHTE EINE MENGE EIN!
* HARTE BURSCHEN
WER?! WER HAT DIESE LEUTE ANGEWORBEN?
DIE... DIESES GESTÄNDNIS WERDE ICH VIELLEICHT MIT MEINEM LEBEN BEZAHLEN, ABER ICH BIN ES GARY SCHULDIG... DER CHEF WAR... EIN GEWISSER PLAYCARD!
WAS?!
!!! DAMN IT! DA DRINNEN WIRD GESPROCHEN! DAS LUDER IST NICHT ALLEIN!
23

DIE REDET MIT EINEM KERL!
ICH WETTE, DAS IST DER BASTARD, DER VORHIN IN DER BAR WAR!
WIE ZUM TEUFEL IST DER DA REINGEKOMMEN?
KERRY! MACH SOFORT AUF! WIR WISSEN, DASS JEMAND BEI DIR IST!
BOM! BOM!
MIST! DAS BIEST HAT SICH EINGESCHLOSSEN!
GOOD LORD! ICH... ICH BIN VERLOREN! SIE WERDEN ALLES HERAUSFINDEN, WENN MAN SIE HIER FINDET... SIE WERDEN MICH UMBRINGEN!! SCHNELL, VERSCHWINDEN SIE DURCH DAS FENSTER!!!
BOM! BOM!
RUHIG, KERRY, KEINE ANGST! SOLANGE ICH AM LEBEN BIN, WIRD NIEMAND IHNEN ETWAS TUN!
ABER DIE WERDEN SIE UMBRINGEN! WER WEISS, WIE VIELE ES SIND! GEHEN SIE, VERSCHWINDEN SIE VON HIER! DAS IST MEINE EINZIGE HOFFNUNG, AM LEBEN ZU BLEIBEN!
BLOODY HELL! KERRY!... MACH AUF, ODER WIR TRETEN DIE TÜR EIN!
BOM! BOM!
DAS WIRST DU BÜSSEN, PUPPE!
ICH WERDE SAGEN, DASS ICH ALLEIN WAR... DASS ICH EINEN ALPTRAUM HATTE UND IM SCHLAF GESPROCHEN HABE... ICH HÄTTE SIE NIE HEREINLASSEN DÜRFEN!
KERRY! OOOH!!!
RAUS! ODER ICH BRING SIE UM!... DAS WÄRE MEINE RETTUNG! ICH WERDE SCHWÖREN, ICH HÄTTE SIE EHER ABGEKNALLT, ALS AUCH NUR EIN WORT AUS MIR HERAUSPRESSEN ZU LASSEN!
BOM! BOM!
DAS LUDER! SIE HAT IHRE TÜR VERRIEGELT!
DIE HÄLT NICHT LANGE!
PAW!
24

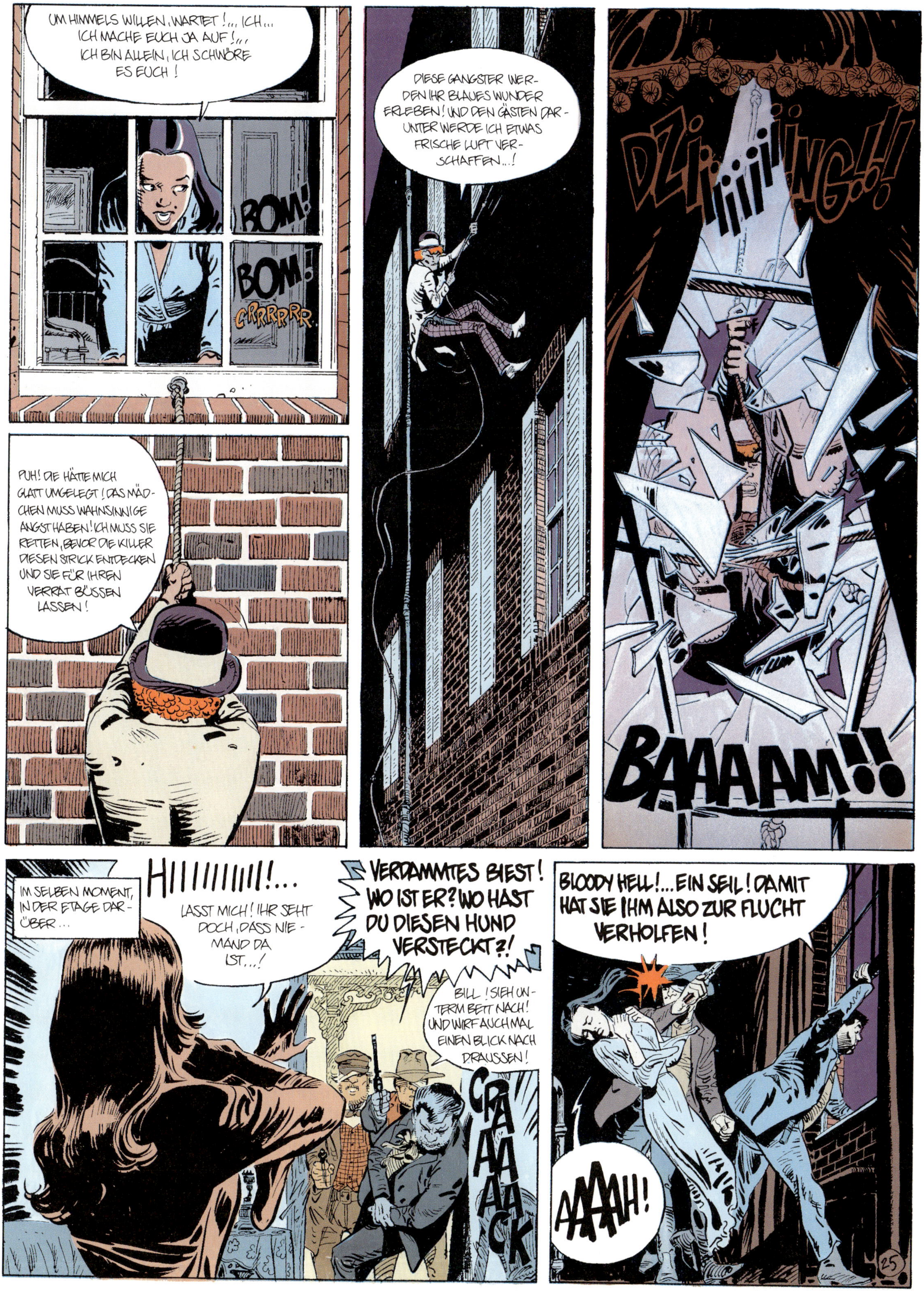
UM HIMMELS WILLEN, WARTET!... ICH... ICH MACHE EUCH JA AUF!... ICH BIN ALLEIN, ICH SCHWÖRE ES EUCH!
BOM!
BOM!
CRRRRRR
DIESE GANGSTER WERDEN IHR BLAUES WUNDER ERLEBEN! UND DEN GÄSTEN DARUNTER WERDE ICH ETWAS FRISCHE LUFT VERSCHAFFEN...!
DZIIIIIIING!!
PUH! DIE HÄTTE MICH GLATT UMGELEGT! DAS MÄDCHEN MUSS WAHNSINNIGE ANGST HABEN! ICH MUSS SIE RETTEN, BEVOR DIE KILLER DIESEN STRICK ENTDECKEN UND SIE FÜR IHREN VERRAT BÜSSEN LASSEN!
BAAAAM!!
IM SELBEN MOMENT, IN DER ETAGE DARÜBER...
HIIIIIIIII!...
LASST MICH! IHR SEHT DOCH, DASS NIEMAND DA IST...!
VERDAMMTES BIEST! WO IST ER? WO HAST DU DIESEN HUND VERSTECKT?!
BILL! SIEH UNTERM BETT NACH! UND WIRF AUCH MAL EINEN BLICK NACH DRAUSSEN!
CRAAAACK
BLOODY HELL!... EIN SEIL! DAMIT HAT SIE IHM ALSO ZUR FLUCHT VERHOLFEN!
AAAAH!

HELLO!... LASST EUCH VON MIR NICHT STÖREN! ICH BIN NUR AUF DER DURCHREISE!
HEY!!! WO... WO KOMMEN SIE HER?
HIIIIIIII...! HIIIIFEEEE!
LASST MICH! BITTE... BRINGT MICH NICHT UM!
SHUT UP!
MEIN GOTT!
NEIN...! NEIIIIIN!
DAMN IT! DER KOYOTE HATTE ZEIT GENUG, RUNTERZUKLETTERN UND ZU VERSCHWINDEN!
WER WAR DIESER KERL, HE?... UND WAS HAST DU IHM ERZÄHLT, DU SCHLAMPE? REDE, ODER ICH SCHMEISS DICH AUS DEM FENSTER!
B...BITTE...! ICH... ICH WEISS NICHTS!
HÄNDE HOCH, IHR DRECKSKERLE!
!!! OOOOOO VERDAMMT!
DA IST ER! WIE KOMMT DER HIERHER?
LASST DAS MÄDCHEN LOS! UND ZWAR SCHNELL! SONST...
DOCH IM SELBEN MOMENT...
TIM!... BILL...! SILAH...! HALTET DURCH!
WAFFE WEG, DU HUNDESOHN!
...! OH, DAMN IT!

DEN KURZEN MOMENT NUTZEND, DA CUTLASS SICH VON IHNEN ABWENDET, ERÖFFNEN BILL UND SILAH DAS FEUER... DOCH ZU HASTIG!
BLAM! BLAM!
!!!
BLITZSCHNELL HAT SICH IHR GEGNER AUF DEN BODEN GEWORFEN UND KANN SO IHREN KUGELN AUSWEICHEN. NOCH IM FALLEN FEUERT ER ZURÜCK...
BLAM!
BLAM!
OW!!!
AAAAARGH!
HELL!
BLAM!
BLAM!
KERRY!! GOOD LORD!
AAAAH!
DU MISTSTÜCK!... DU HAST IHN HERBESTELLT!
N... NEIN! NICHT!!!
DER TEUFEL SOLL DICH HO...
BLAM!
27

SCHON STÜRZEN DIE KOMPLIZEN DER KILLER ZUR TÜR HEREIN... JIM CUTLASS, VOR ENTSETZEN NOCH WIE GELÄHMT, WIRFT SICH IM ALLERLETZTEN MOMENT HERUM ...
BLAM!
BLAM
BLAST IT! ICH BIN VERLOREN! ES SEI DENN ... DAS SEIL ...! ES HÄNGT IMMER NOCH DA!
BLAM!
BIS GANZ UNTEN SCHAFF ICH'S NICHT! VORHER HÄTTEN SIE MICH!... MEINE EINZIGE CHANCE IST, ES NOCH MAL MIT MEINEM COUP VON VORHIN ZU VERSUCHEN!

BENG BLING BONG!
?
!!
HUHU!... ICH BIN'S NOCH MAL! ABER DAVON SOLLTET IHR EUCH NICHT STÖREN LASSEN!... MACHT RUHIG WEITER!
HIIIIII IIII!!!
HE? DAS KANN DOCH NICHT WAHR SEIN! WAS RENNT DIESER TYP HIER AN-DAUERND DURCH?
SHIT! DER KERL IST IN DAS ZIMMER UNTER UNS VER-SCHWUNDEN!
DANN WIRD ER VER-SUCHEN, ÜBER DIE TREPPE ABZUHAUEN! LOS, KOMM MIT!
BLAM!
DA IST ER! FEUER!!
BLAM! BLAM!
PIN!
DAMN! ZU SPÄT!
BLAM BLAM!
BLOOD 'N' GUTS! ICH BIN EIN TOTER MANN! ES SEI DENN...
DAS SEIL...! DAS FENSTER...!
MEINE ALLERLETZTE CHANCE!
UND IN DER TAT...
TUT MIR WIRK-LICH LEID... IHR SOLLTET EUCH DAS NÄCHSTE MAL EIN RUHIGERES HO-TEL AUSSUCHEN!
29

RUNTER! SCHNELL!
HIHIHI... DAS WAR EINMAL ZUVIEL, SUCKER!
GUTE FAHRT ZUR HÖLLE!... HA! HA! HA!
HA! HA! HA! LOS, JUNGS, RUNTER AUF DIE STRASSE, SCHNELL!
AU!
DA! DA IST ER!
ICH GLAUBE, DER IST HIN!
DAS IST NICHT SICHER. ER IST NUR AUS DEM ERSTEN STOCK GEFALLEN! BESSER, WIR SEHEN NACH UND GEBEN IHM NOTFALLS DEN REST. EIN TOTER ZEUGE REDET NICHT!
VERDAMMT! WAS...
SIEH EINER AN, DER KERL HAT DEN SPRUNG ÜBERLEBT! HA! HA! HA! ABER DAS RETTET DICH AUCH NICHT, DU HUND!
OH... G... GOOD LORD...!
30

HALT! LASSEN SIE DIE WAFFE FALLEN! UND KEINER RÜHRT SICH VOM FLECK! MAN ERSCHIESST KEINEN MANN, DER WEHRLOS AM BODEN LIEGT!
HE?
DER... DER MARSHAL!
IHR... IHR KOMMT KEINE SEKUNDE ZU SPÄT, JUNGS! ABER WAS HAT EUCH ...?
DER HÖLLISCHE LÄRM, DER DAS GANZE VIERTEL AUFGEWECKT HAT! DIE KNALLEREI HAT ZEHN MINUTEN GEDAUERT!!
WAS GEHT HIER VOR? WER IST DIESER MANN?
EIN MÖRDER UND FRAUENSCHÄNDER, MARSHAL! ER HAT DIESES ARME MÄDCHEN UMGEBRACHT!
W... WAS? DAS IST NICHT WAHR, MARSHAL! DIE DA! DIE WAREN ES! SIE HABEN... AU!
SCHNAUZE, MISTKERL!
HE!! AUFHÖREN ...! WAS MISCHEN SIE SICH DA EIN? LASSEN SIE DEN MANN!
GLAUBEN SIE DIESER RATTE KEIN WORT, MARSHAL!
ER HAT SIE AUS DEM FENSTER GESTÜRZT, NACHDEM ER VERSUCHT HATTE, SIE ZU VERGEWALTIGEN!
UND DANN HAT ER KALTBLÜTIG MEHRERE VON DEN MÄNNERN UMGELEGT, DIE IHR ZU HILFE KOMMEN WOLLTEN! WIR ALLE SIND ZEUGEN!
!!!
ABER WER IST DIESER MANN, VERDAMMT NOCH MAL?
ER IST GESTERN ABEND BEI LULU BELLE AUFGETAUCHT... KAUM DASS ER DA WAR, HAT ER KERRY BELÄSTIGT ...
31

KERRY HAT IHN ABBLITZEN LASSEN. DARAUFHIN HAT ER ZWEI KELLNER ERSCHOSSEN, DIE IHN HINAUSWERFEN WOLLTEN! DANN IST ER MIT DEM REVOLVER IN DER HAND GEFLOHEN!
JEDER, DER GESTERN ABEND IM "KING CREOLE" WAR, KANN DAS BEZEUGEN, EINSCHLIESSLICH LULU BELLE, DIE NOCH VERSUCHT HAT, IHN ZUR VERNUNFT ZU BRINGEN!
ABER DIESER VERBRECHER HATTE ES AUF KERRY ABGESEHEN! ER WARTETE, BIS SIE ZU BETT GEGANGEN WAR, UND DANN IST ER VON AUSSEN MIT HILFE DIESES LASSOS IN IHR ZIMMER EINGESTIEGEN...
ER HAT SICH AUF SIE GESTÜRZT, DOCH SIE KONNTE SICH LOSREISSEN, IST ANS FENSTER GERANNT UND HAT LAUT UM HILFE GERUFEN!
IN PANIK UND UM SIE ZUM SCHWEIGEN ZU BRINGEN, HAT SIE DIESES SCHWEIN DANN OHNE ZÖGERN AUS DEM FENSTER GESTOSSEN.
DIE ARME HAT SICH VOR UNSEREN AUGEN DAS GENICK GEBROCHEN...
GOOD LORD...
WIR HÖRTEN KERRYS SCHREIE UND LIEFEN SOFORT ZU IHR! ALS DIESER DRECKSKERL DANN ZU TÜRMEN VERSUCHTE, HAT ER VIER VON UNS UMGELEGT...
WEIL WIR IHM DEN FLUCHTWEG ÜBER DIE TREPPE ABGESCHNITTEN HATTEN, HAT ER VERSUCHT, SICH AM SEIL AUS DEM FENSTER ZU HANGELN ... SO HABEN WIR IHN DANN ERWISCHT!
DAMN IT! WAS FÜR EINE GESCHICHTE!
HIER STEHEN GUT ZEHN MANN, DIE BEREIT SIND, DAS ALLES ZU BEEIDEN...
WARUM MACHEN WIR NICHT KURZEN PROZESS MIT DIESEM BASTARD? JETZT GLEICH!!!
ER IST NICHT MAL DEN STRICK WERT, AN DEM MAN IHN HÄNGEN WIRD!
HÄNGT DAS SCHWEIN!

ZURÜCK!
ÜBERLASSEN SIE IHN UNS, MARSHAL! ER VERDIENT ES NICHT, AUCH NUR EINE MINUTE LÄNGER ZU LEBEN!
HÄNGT IHN! HÄNGT IHN!
AN SEINEM EIGENEN STRICK SOLLTE MAN IHN AUFHÄNGEN!
WORAUF WARTEN WIR? LYNCHEN WIR DIESEN MÖRDER!
WIR LEBEN IN EINEM ZIVILISIERTEN LAND!... AUCH DER GEMEINSTE VERBRECHER HAT DAS RECHT AUF EINEN ORDENTLICHEN PROZESS!
DER NICHT, MARSHAL!
MACHT KEINEN UNSINN! ÜBERLASST IHN UNS!
SIE WOLLEN DOCH NICHT FÜR DIESES SCHWEIN IHR LEBEN RISKIEREN...?
WOZU EIN PROZESS, WENN DIE SCHULD EINDEUTIG BEWIESEN IST! KOSTET NUR GELD! WIR HABEN IHN AUF FRISCHER TAT ERTAPPT!
RUHIG, JUNGS!
GESETZ IST GESETZ! LASST UNS DURCH! WIR SPERREN DIESEN HUND EIN, UND ICH SCHWÖRE EUCH, ER WIRD SEINE VERDIENTE STRAFE BEKOMMEN!
AN DEN GALGEN MIT IHM! SOFORT!
TOD DEM FRAUENSCHÄNDER!
LASSEN SIE DIE FINGER DAVON, MARSHAL! ES KÖNNTE IHNEN LEID TUN...
HÄNGT IHN! HÄNGT IHN!
LOS, WEG DA! ODER IHR ZWINGT UNS, VON DER WAFFE GEBRAUCH ZU MACHEN!
CUTLASS MUSS SCHNELLSTENS BESEITIGT WERDEN! BESTIMMT HAT IHM DIESES BIEST VON KERRY EIN PAAR HEISSE INFORMATIONEN GESTECKT...
KING CREOLE
33

ICH WEISS NICHT, WARUM DIESER HITZKOPF PLÖTZLICH HIER AUFGETAUCHT IST, ABER ER IST GEFÄHRLICHER ALS JEMALS ZUVOR...
ER DARF NICHT DIE ZEIT BEKOMMEN, NACHFORSCHUNGEN ÜBER DAS ANZUSTELLEN, WAS ER ERFAHREN HAT...
PHIL! DER MORD AN KERRY WIRD DIE GANZE STADT IN ZORN VERSETZEN! DAS VOLK MUSS AUF DIE STRASSE! ZETTLE EINEN AUFRUHR AN!
ZAHLE DEN RÄDELSFÜHRERN, WAS SIE VERLANGEN! DAS VOLK SOLL DAS GEFÄNGNIS STÜRMEN UND CUTLASS LYNCHEN!
SIE KÖNNEN SICH AUF MICH VERLASSEN, CHEF!
DOCH SCHON JETZT IST DER VOLKSZORN KAUM ZU BÄNDIGEN... DIE NACHRICHT VON KERRYS GEWALTSAMEM TOD HAT SICH WIE EIN LAUFFEUER VERBREITET. EINE WACHSENDE, SICH IMMER BEDROHLICHER GEBÄRDENDE MENGE BEGLEITET DEN GEFANGENEN...
HÄNGT DEN FRAUENMÖRDER!
LYNCHT DAS SCHWEIN!
HELL! ES WIRD IMMER SCHLIMMER! SIE WERDEN ÜBER UNS HERFALLEN!
BEEILEN WIR UNS! DAS GEFÄNGNIS IST NICHT MEHR WEIT!
TOD! TOD!
BÜRGER! WOLLEN WIR ES ZULASSEN, DASS DIE POLIZEI DIESE RATTE DER EINZIGEN STRAFE ENTZIEHT, DIE SIE VERDIENT...?!!
HOLEN WIR IHN UNS!
VERSCHWINDET! ODER ICH SCHIESSE IN DIE MENGE!
DAMN IT! SIE... SIE BEWERFEN UNS MIT STEINEN!
WAS IST DA LOS...?
OH!! GOOD LORD!
EINE REVOLTE? UND... ES IST JIM, WEGEN DEM SIE SO IN RAGE SIND!!
34

BLAST IT! WAS HAT DIESER VERDAMMTE IDIOT BLOSS WIEDER ANGESTELLT? ER IST VERLOREN ... ES SEI DENN, ICH ...
HÜ! HÜ!
UNTER EINEM HAGEL VON STEINEN ERREICHEN DIE POLIZISTEN MIT IHREM GEFANGENEN SCHLIESSLICH DAS GEFÄNGNIS.
HÄNGT IHN! HÄNGT IHN!
VERSCHWINDET! DEN ERSTEN, DER SICH NÄHERT, LEGE ICH UM!!
SCHNELL, REIN!
PAW!
BLAM!
PAW!
PWWWWWW
UFF! DAS WAR HÖCHSTE ZEIT! ... EINE MINUTE SPÄTER, UND SIE HÄTTEN UNS ALLE GELYNCHT!
DURCH DIE MORDAUFRUFE DER VON PHIL ENGAGIERTEN AUFWIEGLER ANGETRIEBEN, DRINGT DIE HASSERFÜLLTE MENSCHENMENGE BIS AN DIE MAUERN DES GEFÄNGNISSES VOR ...
ICH HABE DEN GEFANGENEN IN DIE ZELLE GESPERRT ... BEI UNS LIEGT NICHTS ÜBER IHN VOR ...
DAMN IT! ... BILL! DIESE IRREN SIND DABEI, DIE TÜR AUFZUBRECHEN! DIE MACHEN UNS FERTIG!
VERRIEGELT DIE FENSTERLÄDEN! NEHMT DIE GEWEHRE UND PATRONEN!
BOM! BOM!
VORWÄRTS, LEUTE! HOLEN WIR IHN UNS, DEN FRAUENMÖRDER!
MARSHAL'S
BOM! BOM!

ZUM LETZTEN MAL, LEUTE! GEHT NACH HAUSE! WIR SCHIESSEN
CRAAC! CLONG
CLONG BONG! CABONG!
BLAM! BLAM!
BLAM! BLAM! PAW!
GEBT EINEN WARNSCHUSS AB! ZIELT AUF DIE BEINE! FEUER!
SIE SCHIESSEN! ZURÜCK!
MARSHAL'S
DIESE KERLE SCHIESSEN AUF UNSCHULDIGE, UM EINEN MÖRDER ZU SCHÜTZEN! LASSEN WIR UNS DAS GEFALLEN?
STECKT DIE HÜTTE DOCH IN BRAND! WENN SIE NICHT GERÖSTET WERDEN WOLLEN WIE DIE SCHWEINE, WERDEN SIE RAUSKOMMEN MÜSSEN... UND DER MÖRDER MIT IHNEN!
SIE BRÜLLEN IMMER NOCH WIE BESESSEN... ABER SIE SIND AUSSER SCHUSSWEITE!
WAS HABEN SIE VOR?
OOCH... GOOD LORD!!!
MARSHAL'S
36

SCHIESST UNTER DEM WAGEN DURCH! ZWISCHEN DIE RÄ-DER! FEUER! FEUER!
PAW! PAW! PAW!
TROTZ DES KUGELHAGELS, DER AUF SIE NIEDERGEHT, VERSETZT DIE TOSENDE MEUTE DEM BRENNENDEN KARREN EINEN KRÄFTIGEN STOSS ...
... UND DIE ROLLENDE BRANDBOMBE SETZT IHRE FAHRT ALLEIN FORT...
JIPPIE!
MITTEN INS ZIEL!
EIN VOLLTREF-FER!
BBOOM!
ZURÜCK! DIESES VERDAMMTE STROH SETZT DIE VERANDA IN BRAND!
HE! HOLT MICH HIER RAUS!! UND GEBT MIR EIN GEWEHR!!
PUMPT DIE MAUERN MIT BLEI VOLL! DAMIT DIE IDIOTEN DA DRINNEN ENDLICH KAPIEREN!
SIE SIND VERRÜCKT GEWORDEN! WAHN-SINNIG! ... WIE SOLL DAS ALLES BLOSS ENDEN?
IM MOMENT GEHT ES DARUM, DIESEN WILDEN HAUFEN ZU ZERSTREUEN! ACHTUNG! SIE SCH... OW!
PAW! PAW!
PAW!
PAW!

VERDAMMT! ES HAT IHN ERWISCHT!
GOSH! SCHNELL, VERRIEGELT DIE TÜR!
BOM
OJE... DIE LAGE WIRD IMMER KRITISCHER...
IST ER...?
NEIN, NEIN, ER IST NUR BEWUSSTLOS, ABER ER LEBT! DAMN... WAS MACHEN WIR?! ER BRAUCHT ÄRZTLICHE HILFE!
WIR WOLLEN DEN MÖRDER!! ENTWEDER ER ODER IHR!!
!?
BARNES! DIE WAHL IST EINFACH!! FLAMMENTOD ODER AUSLIEFERUNG DES GEFANGENEN!
BIST DU WAHNSINNIG!? WIR SIND DIE VEREIDIGTEN GARANTEN VON RECHT UND GESETZ! DIESER MANN HAT ANSPRUCH AUF EINEN PROZESS!!
MEINE HAUT IST MIR MEHR WERT ALS DIE PAAR KRÖTEN, DIE WIR VERDIENEN!
GENUG JETZT!! IN MEINER EIGENSCHAFT ALS ERSTER STELLVERTRETER ÜBERNEHME ICH AB SOFORT DAS KOMMANDO! BRINGT DEN MARSHAL INS NEBENGEBÄUDE, DA IST ER SICHER! DICHTET DIE EINGÄNGE MIT FEUCHTEN DEKKEN AB UND...
REWARD
SO EIN BLÖDSINN!
DANN SOLLEN SIE EBEN SELBST EIN URTEIL FÄLLEN! WIR HABEN KEINE ANDERE WAHL!
!! OOOOO DIESMAL SIEHT ES WIRKLICH ZIEMLICH ÜBEL AUS!
38

HER MIT DEN SCHLÜS-SELN!
PFOTEN WEG, HENRY! GEH WIEDER AUF DEINEN POSTEN!
HALT! HÖRT AUF! KHŐ... TCHÖ...
ES GIBT EINEN AUSWEG! WIR HABEN IM NEBENGEBÄUDE EINE FALL-TÜR ENTDECKT, ALS WIR DEN MARSHAL RÜBERGETRAGEN HABEN!... DIE FÜHRT BESTIMMT IRGENDWO HIN!
?
!!
NUN, BARNES? DU BIST DER ERSTE STELLVERTRETER! TRIFF EINE ENT-SCHEIDUNG, BEVOR WIR ALLE GE-BRATEN WERDEN!
O.K.!! O.K.! WIR VER-SUCHEN ES! HOL DEN GE-FANGENEN! WIR NEHMEN IHN MIT!
DIESER VERFLUCHTE RAUCH! KHÖF! KHÖF! TCHÖ...
JA, VERDAMMT NOCH MAL, WORAUF WARTEN SIE? WARUM KOMMEN SIE NICHT HERAUS?
BLEIBT ZU-RÜCK!! ES IST ZU GEFÄHRLICH!
ACHTUNG!
HIERHER, JIMMY!
DAS GE-FÄNGNIS BRENNT! JUCHU!
HÖRT IHR DAS? DIE GLOCKE! DER LÖSCHTRUPP IST IM AN-MARSCH!
39

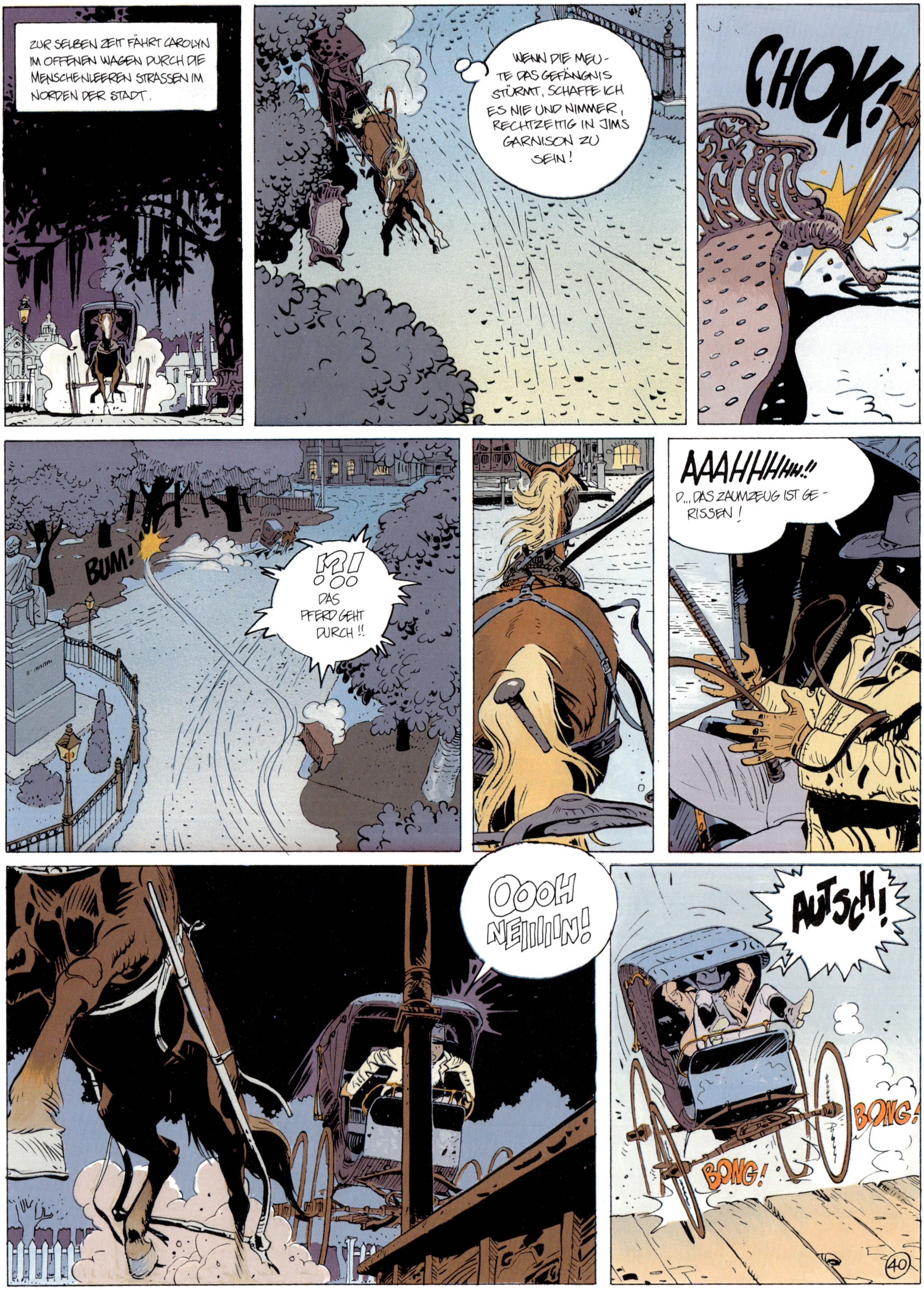

ZUR SELBEN ZEIT FÄHRT CAROLYN IM OFFENEN WAGEN DURCH DIE MENSCHENLEEREN STRASSEN IM NORDEN DER STADT.
WENN DIE MEUTE DAS GEFÄNGNIS STÜRMT, SCHAFFE ICH ES NIE UND NIMMER, RECHTZEITIG IN JIMS GARNISON ZU SEIN!
CHOK!
BUM!
!?! DAS PFERD GEHT DURCH!!
AAAHHHH!!
D... DAS ZAUMZEUG IST GERISSEN!
OOOH NEIIIIIN!
AUTSCH!
BONG!
BONG!
40

SALOON
LIBERTY MUSIC HALL
AAAAAH!
BAOOOO
CCRAAAAA AAC!!
BUM!
GGUEGBLLEGLL

!?
SORRY, GENTLEMEN!... ÄH ... WER... WER GEWINNT D... DENN HIER?
DONG! DONG! DONG! DONG! DONG DONG DONG
PLATZ! PLATZ DA!
DIESE RATTEN KÖNNEN UNMÖGLICH NOCH IM GEFÄNGNIS SEIN!! ES MUSS EINEN ANDEREN AUSGANG GEBEN!

RUF DEINE LEUTE ZUSAMMEN UND FOLGE MIR UNAUFFÄLLIG... WIR BRINGEN DIE SACHE ZU ENDE!
ALL RIGHT, PHIL!
EIN KELLER... UND WAS NUN? JETZT DAUERT ES EINE VIERTELSTUNDE LÄNGER, BIS WIR ERSTICKEN!
SHUT UP!
DA!! EINE GEPANZERTE TÜR!! SIE MUSS ZU ANDEREN KELLERN FÜHREN... WIR MÜSSEN SIE UNBEDINGT AUFBEKOMMEN!!
GN!!!!!!!!!!!!!!!
KOF! KOF!
...KHÖF... TCHÖ...
SCHNELLER! ES KOMMT IMMER MEHR RAUCH HEREIN!
BENG!
TRETET ZURÜCK!
SBAW!
CHÖ... CHÖ... SIE BEWEGT SICH!
HAU RUCK!!
LOS, NOCH EIN-MAL!!
DIE SOLLEN SICH BEEILEN!! DIE LUFT HIER KANN MAN KAUM NOCH ATMEN!!
OUCH!!
GESCHAFFT...!!
EIN TUNNEL!... KOMMT!! WIR VERSCHWINDEN, UND ZWAR SCHNELL!
CCCRRAAAC!!
43

HELL!... MEIN HALS IST VERRUSST WIE EIN SCHORN-STEIN!
ABER...!! WAS IST... ?!
!!
GOSH!
!?
ÍÍÍÍÍKK! ÍÍÍÍÍÍÍÍÍKKK!!
RATTEN! DIESE DRECKIGEN VIECHER WEISEN UNS DEN WEG!
HE, JUNGS! FINDET IHR NICHT AUCH, DASS DIE UNS ÄHNLICH SIND?
HALT'S MAUL!
BILDET EINE KETTE UND SCHLEPPT ALLE SCHLÄUCHE RAN, DIE IHR TRAGEN KÖNNT!
GOOD LORD! DAS FEUER GREIFT SCHON AUF DAS GANZE VIERTEL ÜBER!!
DAS IST DER AUSGANG... VON DEN IRREN DA DRAUSSEN SIND WIR WEIT GENUG WEG... LOS, DU KLETTERST JETZT DA RAUF UND WIRFST EINEN BLICK NACH DRAUSSEN!
NUN?
KEIN MENSCH DA!! DIE LUFT IST REIN!
44

DAS LAGER DER SOUTH COAST COMPANY! OKAY! ZWEI MANN BRINGEN DEN MARSHAL INS HOSPITAL, WIR KÜMMERN UNS UM DEN GEFANGENEN ... DIE ZENTRALE IST NUR ZWEI STRASSENECKEN WEITER!
HUM... DIESE BAUMWOLLBALLEN HÄTTEN CAROLYNS KAPITAL SEIN KÖNNEN... STATT DESSEN... UND WENN ICH NICHT BALD DIESE TYPEN HIER LOS BIN, DANN SIND ALLE MEINE NACHFORSCHUNGEN UMSONST GEWESEN...
DIE GEGEND SCHEINT ZIEMLICH UNBEWOHNT ZU SEIN... ES GIBT HIER KAUM HÄUSER... VERSUCHEN WIR'S! EINVERSTANDEN?
EINVERSTANDEN.
O.K.
COTTON EXC
!!
HALT! KEINEN SCHRITT WEITER!!
HAB ICH'S NICHT GESAGT? KEIN MENSCH KANN EINE SOLCHE FEUERSGLUT AUSHALTEN!
MAN SOLLTE DOCH ANNEHMEN, DASS AUCH GEFÄNGNISAUFSEHER DA KEINE AUSNAHME MACHEN! HA! HA!
O GOTT, WAS FÜR EINE NACHT! ICH GENEHMIGE MIR VIERZEHN TAGE URLAUB, WENN DAS HIER ÜBERSTANDEN IST!
JETZT LEGT BRAV EURE SCHIESSEISEN HIN, UND SPIELT NICHT DIE HELDEN! WIR WOLLEN NUR DEN GEFANGENEN!
UND DIESES MAL GIBT ES KEINEN NOTAUSGANG FÜR IHN!
45

HA! HA! ZIEMLICH ALTER TRICK MIT DEN VERBUNDENEN KELLERN!
GANZ LANGSAM RÜCKWÄRTS GEHEN! SOBALD WIR WIEDER IN DER LAGERHALLE SIND, SCHIESSEN WIR IN DIE MENGE!
HÖRT IHR SCHLECHT ODER WAS? IHR SOLLT DIE KANONEN WEGWERFEN! DEN PROZESS LASST NUR UNSERE SACHE SEIN... UND DAS URTEIL AUCH! HI! HI! HI!
HE! WARUM TUT IHR NICHTS!? DER SHERIFF HÄTTE DAS NIEMALS ZUGELASSEN!... IHR FEIGLINGE!
SORRY, OLD BOY, BERUHIGE DICH. WIR WERDEN DIESE SCHURKEN VOR GERICHT BRINGEN, WEGEN SCHWEREN AUFRUHRS UND LYNCHJUSTIZ.
SOUTH COAST COMPANY
SEHR WITZIG!!! GEBT MIR LIEBER EINE WAFFE! DAMIT ICH EINE CHANCE HABE!
DEINE CHANCE IST DAHIN... UND DANK DIESER HÜBSCHEN KRAWATTE WIRST DU DAS AUCH BALD SEIN...
ZIEH FEST ZU!... DIESER KERL IST BESONDERS GEFÄHRLICH!
BUCK! DWIGHT! HALTET DIE AUGEN OFFEN!
O.K.! WIR HABEN IHM IM GRIFF, PHIL!
HOPP! KLAR ZUM FESTBINDEN!
?!
DA SIEHT MAN, WOHIN NEUGIER FÜHREN KANN! ADIEU, CAPTAIN CUTLASS!!
46

HISST DIE FAHNE!
HI! HI!!!!!!! HI!GNNNNNN...
HELL!! DER ARME KERL!
LOS, SCHAFFT MEHR PUMPEN HERAN, ODER DIE GANZE STADT GEHT IN FLAMMEN AUF!! AUSSER-DEM SOLLEN DIESE IDIOTEN EINE KETTE BILDEN!! EIMER UND SONSTI-GE BEHÄLTER WERDEN BE-SCHLAGNAHMT!!
ICH FÜRCHTE, DAS GEFÄNGNIS IST NICHT MEHR ZU RETTEN! DIE AR-MEN AUFSEHER... GOOD LORD!! WIE HAT DIESE TRAGÖDIE BLOSS ANGEFANGEN? UND WER IST DAFÜR VER-ANTWORTLICH?!
NIII!!
PAW!
!!
?
!
WAAOOUH! EIN VOLLTREFFER! HABT IHR DAS GESEHEN?
DEN ERSTEN, DER SEINEN REVOLVER ZIEHT, LEGE ICH UM! BIN-DET JIM LOS, UND ZWAR SCHNELL!!
47

?!?!
DIE ALTE ZICKE MIT IHREN NEGERN!
THÖ! THÖ! RÖCHHG... HELLO, CAROLYN!
HELLO, JIM! DAS WAR KNAPP, WAS?
ALLE ANDEREN LASSEN DIE WAFFEN FALLEN!!
DENKSTE, PUPPE! EINEN SCHRITT WEITER, UND WIR LEGEN DIE AUFSEHER UM!
?!! DAMN!
UND NUN VERSCHWINDET, ABER SCHNELL!
HEY!?
DIESER LÄRM... HÖRT IHR DAS?
BRAOOOMMMMMMMMBRROOOOOMM
ZU-RÜCK!
DAS GEBÄUDE... ES STÜRZT EIN!
HILFE!
VORSICHT!
ZURÜCK! DIE TRÜMMER ERSCHLAGEN UNS!
HERRLICH! DER... HICK... DER B... BÜRGERMEISTER WEICHT VOR NICHTS ZURÜCK!
MMM MBRMM MMM
OOMMMMMMM
EINE RIESIGE WOLKE AUS STAUB UND RAUCH, AUFGEWIRBELT VON DEN TRÜMMERN DES EINSTÜRZENDEN GEFÄNGNISSES, WÄLZT SICH ÜBER DIE MENGE HINWEG ...
48

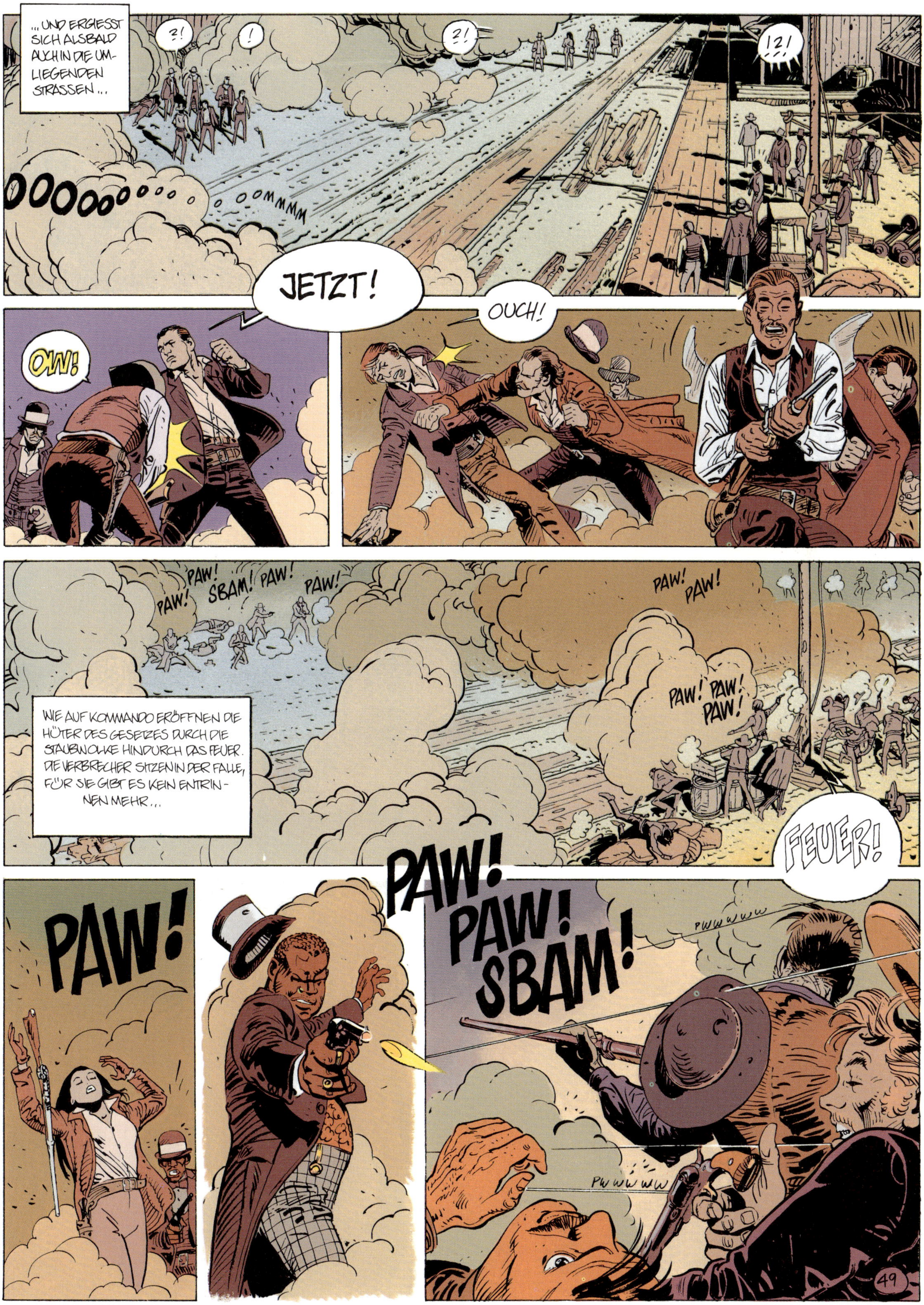
... UND ERGIESST SICH ALSBALD AUCH IN DIE UMLIEGENDEN STRASSEN ...
?!
!
?!
!?!
OOOOOOOOOOO OOMMMM
JETZT!
OW!
OUCH!
PAW! PAW! SBAM! PAW! PAW!
PAW! PAW!
WIE AUF KOMMANDO ERÖFFNEN DIE HÜTER DES GESETZES DURCH DIE STAUBWOLKE HINDURCH DAS FEUER. DIE VERBRECHER SITZEN IN DER FALLE, FÜR SIE GIBT ES KEIN ENTRINNEN MEHR...
PAW! PAW! PAW!
FEUER!
PAW!
PAW! PAW! SBAM!
PWWWWW
PWWWWW

DA UNTEN SCHEINT ES JA ZIEMLICH HEISS HERZUGE-HEN...
WIE MEINST DU DAS, PLAYCARD?
ICH WILL SAGEN, DASS DAS BÜRO DES SHERIFFS NUR NOCH EIN HAUFEN BRENNHOLZ IST!! PHIL HAT OFFENBAR DAS GANZE VIERTEL IN KRIEGSBEREITSCHAFT VERSETZT! DEN RADAU HÖRT MAN BIS HIER HERAUF!
?!... GOOD LORD! DU HAST RECHT!
AH! AH! WIE GERNE WÜRDE ICH JETZT DIE VISAGE VON DIESEM SCHNÜFFLER CUTLASS SEHEN!
KING CREOLE
DAMN! ICH KANN NUR HOFFEN, DASS CUTLASS MIT DEM CHAOS DA UNTEN NICHTS ZU TUN HAT!
FALLS DOCH... DIE-SEM UNDISZIPLINIERTEN DICKSCHÄDEL DARF MAN NIE WIEDER EINEN FREIBRIEF AUSSTELLEN... BY JOVE!
GOSH! KAUM ZU GLAUBEN, DASS DAS JEMAND ÜBERLEBT HAT!!
...AAAAAHHH
OOOOOH! GROSSER GOTT! WIE FURCHTBAR!! WELCH EIN GE-METZEL!
HE... HELFT MIR... ICH BIN VER-WUNDET!
HÄNDE HOCH, IHR SCHURKEN!
50

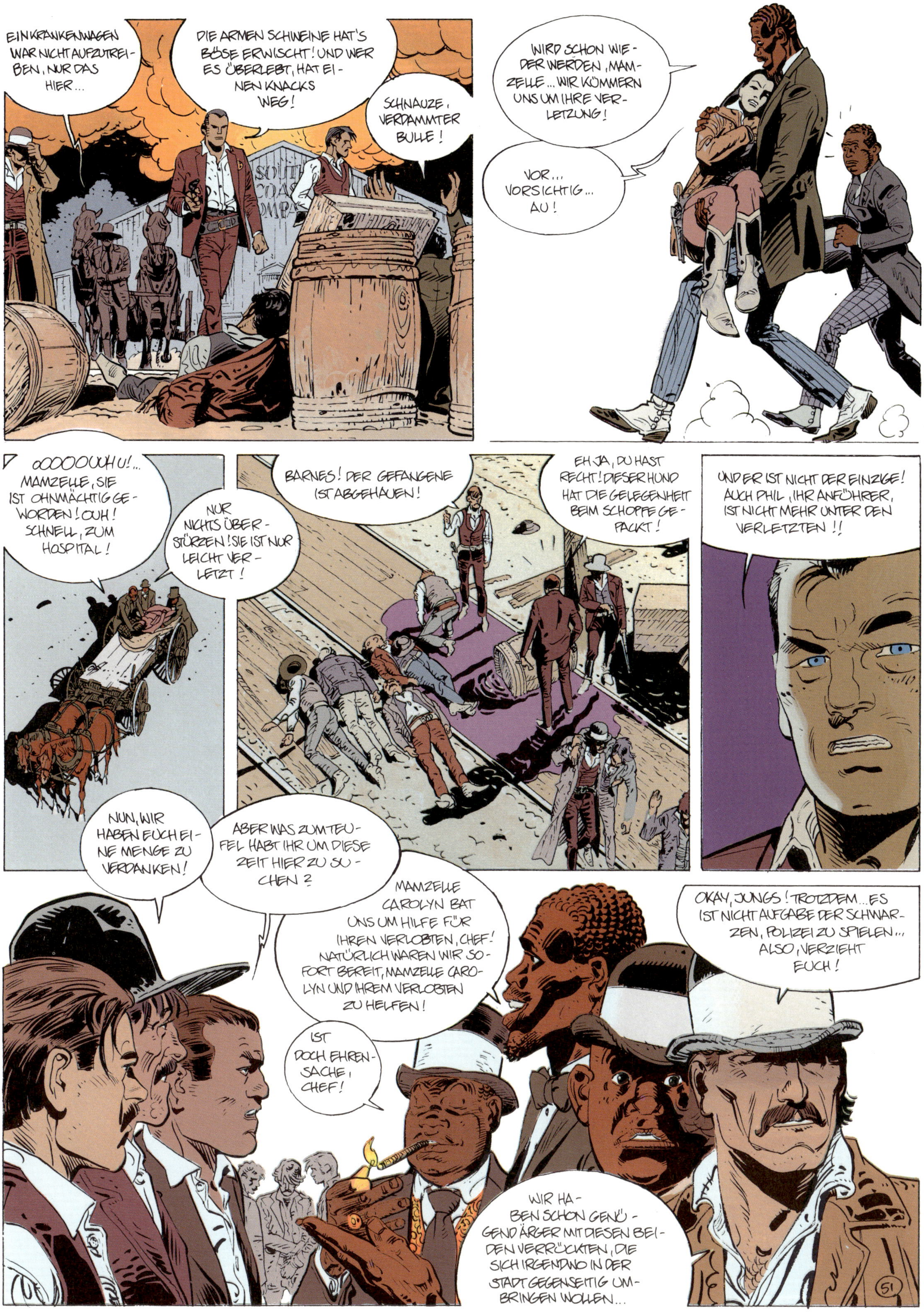

EIN KRANKENWAGEN WAR NICHT AUFZUTREIBEN, NUR DAS HIER...
DIE ARMEN SCHWEINE HAT'S BÖSE ERWISCHT! UND WER ES ÜBERLEBT, HAT EINEN KNACKS WEG!
SCHNAUZE, VERDAMMTER BULLE!
WIRD SCHON WIEDER WERDEN, MAMZELLE... WIR KÜMMERN UNS UM IHRE VERLETZUNG!
VOR... VORSICHTIG... AU!
OOOOOUUH U!... MAMZELLE, SIE IST OHNMÄCHTIG GEWORDEN! OUH! SCHNELL, ZUM HOSPITAL!
NUR NICHTS ÜBERSTÜRZEN! SIE IST NUR LEICHT VERLETZT!
BARNES! DER GEFANGENE IST ABGEHAUEN!
EH JA, DU HAST RECHT! DIESER HUND HAT DIE GELEGENHEIT BEIM SCHOPFE GEPACKT!
UND ER IST NICHT DER EINZIGE! AUCH PHIL, IHR ANFÜHRER, IST NICHT MEHR UNTER DEN VERLETZTEN!!
NUN, WIR HABEN EUCH EINE MENGE ZU VERDANKEN!
ABER WAS ZUM TEUFEL HABT IHR UM DIESE ZEIT HIER ZU SUCHEN?
MAMZELLE CAROLYN BAT UNS UM HILFE FÜR IHREN VERLOBTEN, CHEF! NATÜRLICH WAREN WIR SOFORT BEREIT, MAMZELLE CAROLYN UND IHREM VERLOBTEN ZU HELFEN!
IST DOCH EHRENSACHE, CHEF!
OKAY, JUNGS! TROTZDEM... ES IST NICHT AUFGABE DER SCHWARZEN, POLIZEI ZU SPIELEN... ALSO, VERZIEHT EUCH!
WIR HABEN SCHON GENÜGEND ÄRGER MIT DIESEN BEIDEN VERRÜCKTEN, DIE SICH IRGENDWO IN DER STADT GEGENSEITIG UMBRINGEN WOLLEN...
51

PLIC!
GOSH! DIE HALBE STADT IST AUF DEN BEINEN! DIESES GEDRÄNGE! ABER MIR SOLL'S RECHT SEIN! SO BEMERKT MICH KEINER!
MEIN... MEIN KOPF... ABER ICH MUSS DURCHHALTEN! NICHTS ZU SEHEN VON...!!
DAS SPIEL IST AUS, PHIL!
D... DU?!! LEBEND!? OOOH! DAS GANZE CHAOS... ALLES... ALLES UMSONST?
BEDAURE, DASS ICH DIR ÄRGER MACHEN MUSS, PHIL!... ABER DU WARST ZU GESCHWÄTZIG! DU KENNST MEINEN NAMEN UND MEINEN DIENSTGRAD!... WENN DIR SO VIEL DARAN LIEGT, MICH FERTIGZUMACHEN, DANN MUSST DU VERDAMMT GUT ÜBER DEN KLAN BESCHEID WISSEN! DER MOMENT IST GEKOMMEN, UM EIN GESTÄNDNIS ABZULEGEN, PHIL!
ICH KOMME JETZT ZU DIR, HONEY! UND DU FLÜSTERST MIR DEN NAMEN DEINER CHEFS ZU... MIT DEINEN WEHWEHCHEN BEFASSEN WIR UNS HINTERHER!
JETZT ODER NIE! ICH HABE OHNEHIN NICHTS MEHR ZU VERLIEREN...
52

PHIL SETZT ALLES AUF EINE KARTE. MIT LETZTER KRAFT STÜRZT ER DAVON UND VERSUCHT, CUTLASS ZU ENTKOMMEN...
!?
DONG DONG DONG DONG DONG DONG DONG DONG DONG DONG DONG
EH, PASS DOCH AUF!
VERDAMMT NOCH MAL, LASST MICH DURCH!
HE! SACHTE, JA?
!!!
RUHE, JUNGE! WO BRENNT'S DENN? NICHT DRÄNGELN!
WUAAAH!AH!AH!
VERFLUCHT, ER IST MIR ENTWISCHT!
UH! UH! UH!
OW!
ACH, DU BIST'S, CHEF? SIEHST AUS, ALS HÄTTEST DU'S EILIG!
HAB ICH AUCH! ENTSCHULDIGE!
BAAM!
OUCH!
VERZEIHUNG!
53

VERDAMMTER MIST! ICH HATTE IHN SCHON SO GUT WIE SICHER, UND DANN LASSE ICH MICH ÜBERTÖLPELN WIE DER LETZTE IDIOT! IN DIESEM GEDRÄNGE FINDE ICH DEN NIE WIEDER! HELL! ER IST VERWUNDET, ER MUSS SCHNELL IRGENDWO UNTERSCHLUPF FINDEN ... ABER ...
WO?
ENDLICH ... DAS "KING CREOLE"! ICH HABE DEN OFFIZIER ABGEHÄNGT! DAS GLÜCK ... DREHT SICH ... WIE MEIN KOPF ...
OOH ... AL ... ALLES VOLL BLUT! ICH KANN KAUM DEN SCHLÜSSEL HALTEN ...
OUCH! ...
ICH ... ICH HABE DAS GANZE RISIKO AUF MICH GENOMMEN! ... UND DIE ... DIESER DRECKSKERL MACHT SICH'S HIER BEQUEM!
ICH ... ICH HABE ZUM AUF ... AUFRUHR ANGESTIFTET, HABE EIN ... GANZES STADTVIERTEL IN SCHUTT UND ASCHE GELEGT ...

HA ... HABE DIE AUF... SEHER ERLEDIGT... OUCH... HABE DIESEM KERL DEN STRICK ... UM DEN HALS GELEGT...
... UND CUTLASS IST IMMER NOCH AM LEBEN!!
TOC! TOC! TOC! TOC
ERST DAS KLOPFZEI-CHEN... ZWEIMAL, DREI-MAL, UND WIEDER ZWEIMAL...
PHIL...!! ooooo
GOOD LORD! WIE SIEHST DU DENN AUS? SCHNELL, KOMM REIN!
UH!?... WAS IST MIT CUTLASS? LOS, MACH'S MAUL AUF!
CUT... CUTLASS... ICH... ICH MUSS MICH HINSETZEN!
WIE SIEHT DENN DER KERL AUS? HEY! RUNTER VON MEINEM SOFA!
RUHIG, HONEY! LASS IHN! HÖREN WIR UNS ERST MAL AN, WAS ER ZU SAGEN HAT!
CUT... CUTLASSsss...
?
WAS IST MIT IHM?! STEHT ER VIELLEICHT DRAUSSEN VOR DER TÜR?
JEMAND DA?
NEIN, NIEMAND!
SCHAFF MIR BLOSS DIESEN BLUTEN-DEN HAMPELMANN VOM HALS, PLAY-CARD! SOLL ER SICH WOANDERS VERARZ-TEN LASSEN, BEVOR ER MIR DAS MOBILIAR RUINIERT!
MOMENT NOCH! ZWEIMAL AUF DER HUT IST BESSER ALS EINMAL!
55

OKAY... NICHTS ZU SEHEN, AUSSER DEM BRAND, DER DRAUSSEN TOBT!
VERDAMMT NOCH MAL! DIESER ARSCH HAT MIR MEINEN CHINESISCHEN TEPPICH VERSAUT!
DAMN! DER KREPIERT MIR NOCH HIER!
DAS KOMMT NICHT IN FRAGE! HAU AB!! VERSCHWINDE!
LULU BELLE ... UND PLAYCARD!
UND DER VERLETZTE, DAS MUSS PHIL SEIN... MEINE INTUITION HAT MICH NICHT GETÄUSCHT... DAS "KING CREOLE" IST PLAYCARDS SCHLUPFWINKEL...
SCHLUSS JETZT, IHR BEIDEN!!
...?!! DIESE... DIESE STIMME ...
PHIL, STEH AUF...! REDE! HAST DU DEINEN AUFTRAG AUSGEFÜHRT?
CLAY! DON CLAY!* DIE KUGEL EINER DERRINGER HAT ALSO NICHT GENÜGT, UM DIESE KRÖTE ZU BESEITIGEN!
* SIEHE BAND 1: "MISSISSIPPI RIVER"
ICH WARTE, PHIL...
ES... ES GING SCHIEF, BOSS!... DIE... DIE RATTE IST UNS ENTWISCHT...!
WENN... DIE YA... YANKEES NICHT GEKOMMEN WÄREN, HÄ... HÄTTEN WIR IHN LI... LIQUIDIERT!... EINE REITERKO... KOLONNE, ANGEFÜHRT VON DIESER CA... CAROLYN... DIESER HEXE!
!
56

LÜGNER! WENIGSTENS HAT ER DAS GESICHT GEWAHRT!
DIESES WEIB GEHT ENTSCHIEDEN ZU WEIT... WIR SOLLTEN EIN EXEMPEL STATUIEREN!
HALT'S MAUL! ICH ENTSCHEIDE, WIE WIR DIESEM MISTSTÜCK DIE KNOCHEN BRECHEN!
GENAU!... DIE UND IHRE VERDAMMTE PLANTAGE HABEN EINE LEKTION VERDIENT! EINE ENDGÜLTIGE!
UND DASS MIR NIEMAND... HÖRT IHR, NIEMAND... ES WAGT, IHR EIN HAAR ZU KRÜMMEN!... PLAYCARD, DIE YANKEES INTERESSIEREN SICH IM MOMENT ZU SEHR FÜR DEN KLAN... SORG DAFÜR, DASS DIE NÄCHTLICHEN ZUSAMMENKÜNFTE FÜRS ERSTE UNTERBLEIBEN... HAST DU VERSTANDEN? LASSEN WIR DIE NEGER IN RUHE!
LULU! DU WIRST DIE NACHFORSCHUNGEN DES MARSHALS ÜBER KERRYS TOD IM AUGE BEHALTEN ... ABER JETZT KÜMMERT EUCH UM PHIL ... SIEHT AUS, ALS FÜHLTE ER SICH NICHT BESONDERS!
VORERST JEDENFALLS... ICH MUSS WEGEN DRINGENDER GESCHÄFTE IN DEN NORDEN... BIS ICH ZURÜCK BIN, GESCHIEHT NICHTS! IN DER STADT GEHT ES DRUNTER UND DRÜBER... SIEH ZU, DASS FÜR DEN FALL EINER UNTERSUCHUNG ALLES BESEITIGT WIRD, WAS UNS GEFÄHRLICH WERDEN KÖNNTE...
OKAY, BOSS!
HAST DU GEHÖRT? RÄUM DIESEN KERL IRGENDWIE UNAUFFÄLLIG AUS DEM WEG, UND SCHMEISS IHN IN DEN FLUSS...
!
WAS GIBT DIR DAS RECHT, MIR BEFEHLE ZU ERTEILEN? DANK DIESES VERFLUCHTEN CUTLASS KANN ICH JETZT ZUSEHEN, WO ICH NEUE LEUTE HERBEKOMME! IN DER ZWISCHENZEIT...
IN DER ZWISCHENZEIT WAS...?
57

SZENARIO: CHARLIER/GIRAUD ZEICHNUNG: ROSSI